LES EPAGNEULS DE FRANCE

Origines - Caractéristiques - Standard
Elevage - Alimentation - Reproduction - Soins

Pierrick Le Louarn

LES EPAGNEULS DE FRANCE

Origines - Caractéristiques - Standard
Elevage - Alimentation - Reproduction - Soins

EDITIONS DE VECCHI S.A.
20, rue de la Trémoille
75008 PARIS

Photos de couverture:
Epagneul picard: Priska à M. L'Empereur
Epagneul breton: Orca à M. Martini
Epagneul français: Prisa à M. Robin (*document Studio Europe*)
Epagneuls Bleu de Picardie: Lida et Nicky à M. Caboche

Préface

La France compte près de 10 millions de chiens à l'heure actuelle, ce qui représente au moins un chien possédé par un ménage sur trois.
Depuis 10 ans, le "phénomène chien" a connu un véritable essor tant au niveau de l'engouement du public que de la qualité des sujets proposés.
Le début de moralisation du commerce, enclenché en 1979 avec obligation de certificat sanitaire pour les animaux importés, semble porter ses fruits. Parallèlement, les transactions sur les chiens ont été fortement assainies par des décrets et arrêtés visant à garantir la protection des jeunes animaux et la défense de leurs acheteurs.
Depuis 1971, le tatouage alphanumérique, seule méthode permettant d'identifier un chien avec certitude, a réduit les fraudes et les contestations sur l'identité des chiens. Actuellement, seulement un chien sur quatre est tatoué: c'est le cas, entre autres, de tous les chiens de races pures inscrits au Livre des Origines Français qui est tenu à jour par la Société Centrale Canine. Mais de plus en plus de propriétaires de chiens font procéder au tatouage de leur animal, ne serait-ce que pour le retrouver plus rapidement en cas de perte. Tous les chiens français ne sont pas de race pure et il existe encore plus de corniauds et de bâtards que de chiens inscrits au Livre des Origines Français

(L.O.F.). On estime qu'1 chien sur 5 aurait "une apparence de race pure" et qu'1 chien sur 13 serait "certifié de race pure" et inscrit au L.O.F.
Quelle que soit leur pureté génétique, tous ces chiens doivent être nourris, soignés et logés. Pour ce faire, les ménages français dépensent chaque année, plus de 3 milliards de francs, soit 3% de leur dépense totale.
Malgré tout, le marché du chien français présente une balance commerciale très déficitaire. De nombreux chiens sont importés de Belgique, de Hollande et de Grande Bretagne, tandis que les éleveurs français exportent très peu à l'étranger.
Or, de nombreuses races, sélectionnées en France, possèdent des qualités originales et pourraient être appréciées hors de nos frontières.
C'est le cas des épagneuls de France (Bretons, Français, Picards, Bleus de Picardie, Pont-Audemer) dont l'utilité tant en chasse qu'en garde et en agrément n'est plus à démontrer. Leur coût annuel en nourriture et entretien (moins de 2.000 F) et leur prix d'achat (± 1.500 F) sont relativement modestes et placent cette race au tout premier rang des chiens économiques voire ... écologiques! Si vous n'en étiez pas encore convaincu, le livre du sympathique breton Pierrick Le Louarn devrait lever vos derniers doutes à ce propos.

P-Y Le Gall (*Journaliste*)

NOTE DE L'AUTEUR

Ce document de synthèse sur les épagneuls de France, contrairement à la plupart des ouvrages écrits par des spécialistes médaillés et décorés, n'est pas seulement destiné à une élite de pratiquants ou d'initiés.
Il vise, en priorité, le public désireux de choisir parmi la centaine de races disponibles, celle qui conviendra le mieux à sa bourse et à ses besoins.
La guerre des chapelles n'est pas notre propos, ni la distribution des breloques. Le succès de l'épagneul breton et français ne doit pas étouffer le développement d'autres races aussi méritantes: or depuis le début de ce siècle, les Picards, Bleus Picards et le Pont-Audemer sont en perpétuel sursis de disparition. Leur nombre est à tel point en régression, que depuis 1980 un unique club s'occupe de la promotion de ces 3 races! Si un seul lecteur de notre modeste ouvrage décidait de créer un élevage d'épagneuls Pont-Audemer par exemple, nous serions largement récompensés de notre travail...

PIERRICK LE LOUARN

Un peu d'histoire...

Avant de présenter la famille des épagneuls, il convient de faire un rapide retour en arrière pour mieux situer son origine et rectifier certaines erreurs d'étymologie. La première de celles-ci est la traduction hâtive d'"épagneul" en "espaignol". Contrairement aux apparences, les épagneuls français ne seraient pas originaires d'Espagne mais ... de Terre Sainte, d'où les auraient ramenés les croisés. Ainsi leurs ancêtres lointains seraient des lévriers arabes et non des chiens ibériques. Les épagneuls français, à l'issue de croisements ultérieurs avec des chiens anglais, irlandais (springer spaniel, irish water spaniel, setter gordon, etc.) auraient donné les races d'épagneuls bretons, de Pont-Audemer et de Bleus de Picardie. Mais alors, que signifie le mot "épagneul", s'il n'est pas synonyme d'"espagnol"? Il serait une déformation du verbe "s'espaigne" qui, en vieux français, aurait pour traduction "s'abaisser sur le sol".

A l'époque, les épagneuls étaient très utilisés pour la chasse au filet. Cette méthode de chasse consistait à attraper le gibier ... et le chien, à l'aide d'un filet-épervier lesté de plombs. Le chien devait se coucher à plat ventre, dès qu'il voyait une compagnie de perdreaux ou un lièvre, pour faciliter le lancer du filet. D'où son nom de "chien couchant" par opposition, aux "chiens courants" qui cou-

raient après le gibier. A ce propos, en vieux français, les filets s'appelaient des "rets". Ce qui a donné, après déformation "chien d'arrêts" au lieu de "chien de rets".
Ces quelques précisions ayant été énoncées, essayons de retracer l'arbre généalogique des épagneuls de France. Au XIVe siècle, les chasseurs au filet se servaient d'épagneuls couchants, mais l'origine de ces chiens d'arrêt remonte bien au-delà. 63 ans avant Jésus-Christ, du temps d'Auguste, petit-neveu de Jules César, on pouvait lire:
Le chien de chasse de bonne race doit avoir les oreilles velues et le cou garni d'une crinière pas trop épaisse mais suffisante pour le garantir du froid.
Cette description de la plus ancienne forme connue de chien d'arrêt pourrait facilement correspondre à celle de l'épagneul... Remontons encore plus loin avec Xénophon qui, quatre siècles avant Jésus-Christ, parlait de *certains chiens qui s'arrêtent étonnés en apercevant le lièvre...*
Ce sont sans doute les lointains ancêtres de nos braques et de nos épagneuls.
Entre les chiens utilisés quelques siècles avant Jésus-Christ et ceux du Moyen Age, il ne devait guère y avoir de grandes différences. Seule leur appellation pouvait varier: chien couchant, chien d'arrêt, chien d'oysel (ce dernier terme signifiait "oiseau" car le chien chassait avec l'aide d'un faucon).
Toute l'histoire de la chasse depuis l'Antiquité, le Moyen Age jusqu'à l'époque moderne et contemporaine a connu l'emploi de ces types de chiens. Il suffit pour s'en convaincre d'admirer les mosaïques des ruines romaines de Volubilis (près de Meknès au Maroc) ou des gravures rupestres plus anciennes. Partout, les chasses sont représentées avec filets et chiens d'arrêt. Les Italiens aussi ont pratiqué la chasse "da rete" avant l'invention des fusils.
Mais la noblesse qui ne jurait que par sa chasse "à courre,

à cor et à cri" ne voyait pas d'un bon œil cette pratique réservée aux valets. Au Moyen Age, l'entretien d'une meute de chiens était un véritable privilège que seuls les nobles pouvaient s'offrir comme Gaston Phœbus, Comte de Foix, qui possédait plus de 1.000 chiens.
Cela ne lui porta pas chance: rentré bredouille d'une chasse, il tua son fils unique dans un accès de colère.
Trouvant que la chasse au chien couchant était trop efficace et risquait de concurrencer la chasse à courre, la noblesse décida, en 1578, de l'interdire au peuple. Seuls le roi et les grands seigneurs pouvaient, dès lors, chasser à l'aide des chiens courants et couchants.
Ainsi, Henri IV aurait été le premier roi de France à utiliser un épagneul breton. Quant à son fils, Louis XIII, le privilège de la chasse au chien d'arrêt ne lui suffit pas et il voulut tirer le gibier en vol.
L'invention du fusil Lefaucheux allait-elle sonner la fin du concours des chiens pour la chasse? Non, car la révolution amena une rapide démocratisation de la chasse en abolissant ce privilège de la noblesse.
L'histoire de la chasse et celle des épagneuls ont souvent été liées. Ainsi depuis la première croisade où les preux ramenèrent leurs ancêtres en France, jusqu'à la révolution, ils accompagnèrent de nombreux chasseurs.
Aujourd'hui la race originelle, sans doute issue des lévriers arabes, a été retrempée par du sang anglais ou irlandais, mais elle n'a point perdu ses qualités (courage, gentillesse, fidélité, etc.) qui en font un excellent chasseur mais aussi un compagnon fidèle.

... et un peu de généalogie

La notion de race pure est très relative. Pour comprendre cela, prenons la comparaison suivante: une voiture pos-

sède des caractéristiques communes à l'ensemble des modèles (volant, roues, moteur, réservoir, sièges, etc.) et d'autres plus spécifiques selon les marques (accessoires, finition, carrosserie, etc.).
Depuis l'invention de la première voiture jusqu'à nos jours, certaines caractéristiques ont été conservées, d'autres ont disparu. A moins d'être un collectionneur passionné, il est très difficile de distinguer, dans les modèles de l'année présentés au Salon de l'Auto, ce qui provient de l'amélioration collective des constructeurs de ce qui sont des innovations pures. Il en est de même des races canines: les standards que nous observons actuellement proviennent d'un perpétuel brassage des caractères génétiques. Ces caractéristiques ne sont jamais figées et peuvent être constamment remodelées par les sélectionneurs. Ceux qui ne jurent que de "races pures" et "crachent" sur les corniauds devraient se rappeler ceci: les épagneuls, tels qu'ils les connaissent aujourd'hui, sont le résultat de nombreux croisements et retrempes entre races différentes: au XIe siècle, les premières "croisades" ont eu lieu, non seulement sur le plan religieux mais aussi sous l'angle de la reproduction. Les preux chevaliers ne l'oublions pas partirent de 1096 à 1099 en Terre Sainte accompagnés de braques. Pendant ces trois années, les occasions de rencontres entre lévriers et braques ne manquèrent pas. Le résultat final fut le début de la lignée des épagneuls (dits) français. Mais, l'histoire des origines ne s'arrête pas là. Il faudra attendre plus de sept siècles pour que la "race pure" des épagneuls français bénéficie d'autres apports extérieurs.
Après l'abolition du privilège de la chasse en France, les Anglais redécouvrirent les étangs giboyeux de Bretagne et de Normandie qu'ils n'avaient plus fréquentés... depuis Philippe-Auguste.

Ils étaient accompagnés de chiens d'arrêt très aptes à la chasse en étangs et marais: les épagneuls d'eau irlandais (Irish water spaniel) et les épagneuls de terre anglais (english springer spaniel). Ces races existent toujours mais sont menacées d'extinction. Les irish water spaniels ont une très grande facilité à se déplacer dans l'eau grâce à leurs poils huilés et leurs doigts palmés. Les english springer spaniels sont aussi à l'aise sur la terre que dans l'eau. Ils sont autant capables de plonger sans rechigner dans un marais que de faire jaillir (springer = jaillisseur) le gibier de bosquets et de bois.
Ces deux "races pures" proviennent de croisements pas très orthodoxes entre diverses races: caniche, setter irlandais, field spaniel... Mais pourquoi s'attarder sur tous ces chiens qui n'ont aucun rapport avec "les épagneuls de France", sujet de ce livre?
Tout simplement parce que malgré les apparences, il y a un peu de tous ces chiens dans nos épagneuls!...
Voyons comment cela s'est passé. Nous parlions donc des Anglais et de leurs chiens qui venaient chasser en Bretagne et en Normandie au XIXe siècle. Quand la saison était terminée, ne voulant pas ramener leurs chiens chez eux à chaque fois, ils les confiaient à des fermiers. Les gîtes ruraux pour touristes britanniques n'existaient pas encore, mais les chiens anglais bénéficiaient déjà de pensions tout confort. Le paiement du "bed and breakfast" était souvent réalisé en nature sur les chiennes d'épagneuls français. Les fermiers étant très désireux de donner à leurs chiens les qualités de chasse des races anglaises: setters, pointers, springers, etc.
C'est ainsi, qu'à partir des épagneuls français, furent créés grâce aux apports de sang étranger: les épagneuls bretons, fruit du croisement avec des english springer spaniels, et les épagneuls de Pont-Audemer, résultat du croisement

avec des irish water spaniel. Seuls les épagneuls picards se passèrent des gènes anglais puisqu'ils sont issus du croisement d'épagneuls français avec des races régionales (chiens de berger ou mâtins).
Par contre, les épagneuls Bleu de Picardie sont le résultat d'un apport de sang de setters gordons anglais à des épagneuls picards.
Comme on peut le constater, les races d'épagneuls de France sont le résultat d'une véritable "mayonnaise de chromosomes" glanés dans le monde entier (pour avoir une image plus claire de cette généalogie "mâtinée", consulter le tableau). En conclusion, la notion de "race pure" est très aléatoire. Le rôle des bâtisseurs de standards n'est pas d'arrêter l'évolution naturelle d'une race mais seulement d'en contenir les débordements.

Les apports de sang étranger chez les divers épagneuls

Caniche	Epagneul Pont-Audemer
English springer spaniel	Epagneul breton
Field spaniel	Epagneul breton
Irish water spaniel	Epagneul Pont-Audemer
Setter irlandais	Epagneul Pont-Audemer
Setter gordon	Epagneul Bleu de Picardie

Rappel
Toutes ces races d'épagneuls descendent de l'épagneul français qui, lui-même, serait issu... des lévriers arabes!

Les standards

Qui peut se targuer d'être, en tant qu'homme, le descendant direct de la cuisse de Jupiter? L'histoire de France est un théâtre en mouvement perpétuel où les invasions ont succédé aux invasions.
Ainsi, pour ne parler que d'une région qui nous est chère, la Bretagne a hérité d'un peuple descendant des indo-germaniques, refoulé en Espagne, puis au Pays de Galles et enfin "marié" à des Romains. Comment, en le sachant, être choqué par le brassage initial qui a donné naissance aux épagneuls de France...
Ceci étant précisé, voyons comment les acquis du passé peuvent être conservés et maintenus, pour les races d'épagneuls, grâce aux "standards"[1].

[1] Dans les standards officiels des cinq races d'épagneuls de France mis au point par la Fédération Cynologique Internationale et les différents Clubs de race, certains termes techniques sont utilisés. Nous essaierons, quant à nous, de les supprimer pour ne pas compliquer les descriptions. Les futurs acquéreurs d'épagneuls pourront se procurer ces standards dans leur intégralité auprès des Clubs dont nous mentionnons l'adresse après chaque standard. Les présidents des clubs et les membres du bureau (secrétaire général, trésorier, vice-président, etc.) sont en général aussi dévoués que bénévoles. Vous obtiendrez souvent de précieux renseignements en les contactant (n'oubliez pas de joindre un timbre pour la réponse...).

Qu'est-ce qu'un standard?

Après avoir vu comment ont été "fabriquées", au hasard du temps, les différentes races d'épagneuls de France, voyons comment les éleveurs essaient de maintenir ce patrimoine génétique. Pour ce faire, ils décrivent un "modèle de référence" de la race qui sert en quelque sorte de prototype. Les cotes et caractéristiques de ce prototype idéal sont précieusement consignées par la Fédération Cynologique Internationale. L'ensemble de ces caractéristiques (apparence générale, forme de la tête, du museau, implantation des oreilles, robe, etc.) constitue ce que l'on appelle le "standard". C'est en quelque sorte le "plan type" qui permet de reconstruire le puzzle. Contrairement à ce que l'on croit souvent, le standard n'est jamais définitivement figé. Il peut, selon les modes et les goûts des juges, évoluer dans le temps.
Ainsi les Anglais ont décidé, sous la pression des sociétés protectrices d'animaux, de supprimer des standards la coupe pratiquée sur les oreilles de certaines races. A l'origine nécessaire pour les chiens de combat ou chasseurs de lions, cette pratique n'a plus de raison d'être pour les chiens de garde. Même nos épagneuls n'échappent pas à l'évolution de leur standard. Les épagneuls bretons devaient, au début du siècle, naître sans queue pour être reconnus conformes au standard. D'ailleurs le premier club était dénommé "Club de l'Epagneul Breton à courte queue naturelle". Actuellement les juges, qui ont compris qu'un chien de chasse a plus d'importance côté nez que côté queue, ont modifié le premier standard afin d'admettre les épagneuls à queue coupée après la naissance.
Pour être complet, il faut encore préciser que d'autres modifications ont été apportées au standard du Breton: sa taille maximale par exemple a été rabaissée de... 5 cm.

Quant au racisme qui consistait à refuser les robes noires et blanches et les tricolores, il a également disparu.
Ces quelques remarques, avant d'aborder les standards des divers épagneuls de France, pour rappeler que cette notion de standard n'est jamais définitivement bloquée. C'est plutôt une idéalisation vers une recherche de la perfection. Or, si tout est perfectible, rien n'est jamais parfait. C'est ce que vous confirmeront les défenseurs des épagneuls qui consacrent leur vie à "épurer le standard des erreurs du passé"...
Avant d'aborder les standards des épagneuls tels qu'ils ont été définis en 1963, jetez un coup d'œil au dessin suivant si vous ne connaissez pas bien les diverses appellations de l'anatomie canine.
Ces termes reviennent souvent dans la définition des critères qui correspondent aux standards.

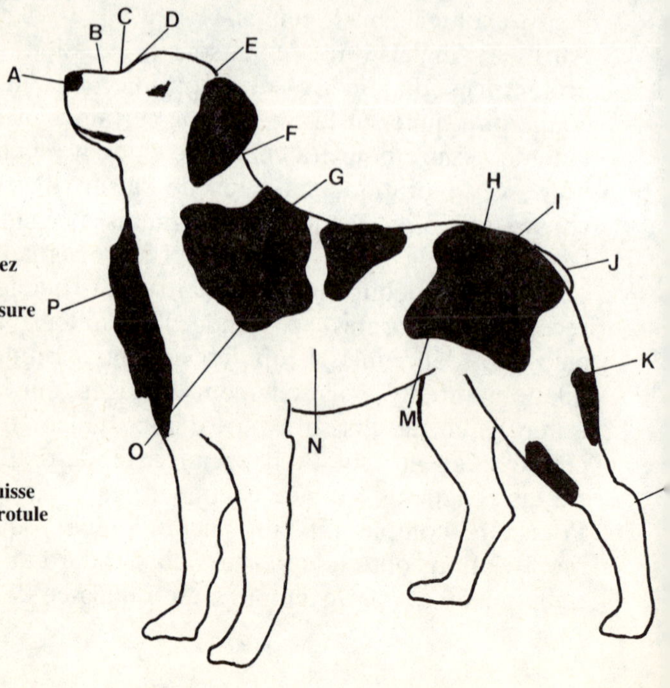

A: **Truffe ou nez**
B: **Chanfrein**
C: **Stop ou cassure**
D: **Front**
E: **Occiput**
F: **Nuque**
G: **Garrot**
H: **Rein**
I: **Croupe**
J: **Queue**
K: **Jarret ou cuisse**
L: **Grasset ou rotule**
M: **Flanc**
N: **Côtes**
O: **Epaules**
P: **Encolure**

Le standard de l'épagneul breton

Aspect général

La taille idéale de l'épagneul breton, mesurée au garrot, doit être comprise entre 0,48 et 0,50 m pour le mâle et entre 0,47 et 0,49 m pour la femelle. Quant au poids, il doit être compris entre 13 et 16 kg pour un animal adulte. L'optimum étant de 15 kg pour un mâle et de 13 kg pour une femelle à condition qu'ils soient en bonne forme et entretenus sportivement.
Remarque: une taille légèrement supérieure à 0,50 m pour le mâle et 0,49 m pour la femelle (pas plus de 2 cm) n'est

Out de Cotignac à Mme Delaporte - Trialer (EB)

pas considérée comme un défaut, si le chien est très typé. Par contre, une taille inférieure au standard minimal est plus souvent éliminatoire.

L'apparence générale de l'épagneul breton se résume en trois mots: trapu, râblé et intelligent. L'ensemble doit donner un aspect de chien élégant et vigoureux. Son allure de "cob plein de sang" doit traduire "un maximum de qualités dans un volume minimum" (c'est d'ailleurs la devise du Club des Epagneuls Bretons dont l'actuel Président est M. Le Louet R.N., Mousseaux-Neuville 27220 Saint-André de l'Eure). Ses qualités de chien "passe-partout" et peu encombrant, qui trouve sa place aussi bien dans une boutique qu'une petite voiture, expliquent sans doute le fort engouement qu'il rencontre auprès du public. En plus de son aspect physique peu volumineux, il possède, ce qui ne gâte rien, un caractère très attachant et fidèle. De quoi le faire aimer aussi bien par les possesseurs d'appartement en ville que par les ruraux et les chasseurs.

Nez

C'est la partie visible de l'iceberg: les qualités d'odorat n'étant pas estimables sans passer par l'acte de la chasse, les anciens juges préféraient palabrer sur l'aspect de la truffe. Certains croyaient même que les mutations comme le dédoublement des narines étaient un signe de meilleur odorat. L'acharnement des examinateurs est cependant plus logique côté truffe que côté queue chez un chien de chasse. Cependant, ce n'est pas parce que vous choisirez un Breton à belle truffe rebondie qu'il sera un fin limier. Mais, pour faire plaisir aux "idiots qui regardent le doigt quand le sage montre la lune" (Proverbe chinois), voici le standard de la belle truffe type: elle doit être bien ouverte et légèrement anguleuse mais jamais "en sifflet". Quant à sa couleur, elle doit correspondre à la plus foncée du corps: noire chez les variétés "noir et blanc", brune chez les "brun et blanc" et rose chez les "orange et blanc".

Lèvres

Elles doivent êtres fines et assez remontées. La lèvre supérieure dépassant très peu celle du bas. Leur couleur sera identique à celle de la truffe. Sont considérées comme défectueuses des lèvres épaisses et trop tombantes. De même des dents mal implantées et non jointives, en tenaille, constituent un défaut: si la mâchoire supérieure avance plus que l'inférieure, on parle de prognathisme (pro = en avant; gnathos = mâchoire) supérieur et de prognathisme inférieur dans le cas contraire.

Tête

Elle compte autant que le reste du corps pour la conformité au standard. Le crâne doit être bien rond avec des parois latérales arrondies et marquées. La tête, en forme de cône triangulaire constitué par le crâne et le chanfrein, doit être construite selon les proportions suivantes: la longueur du crâne doit être égale à un fois et demie celle du chanfrein. Quant à sa largeur, elle doit mesurer, d'une oreille à l'autre, la même valeur que de l'occiput au stop. Non seulement notre "cob" doit inscrire son corps dans un carré, ... mais son crâne aussi. Pour mieux comprendre cette notion, prenons pour exemple, un breton dont le chanfrein mesurerait 8 cm. Pour qu'il soit conforme au standard, il devra posséder un crâne de 8 cm × 1,5 = 12 cm. Le chanfrein sera légèrement recourbé ou droit. Le passage entre le crâne et le chanfrein – appelé stop ou

Epagneul breton

cassure – doit s'effectuer nettement, mais en pente douce. Cet angle obtus ne doit pas être visible mais seulement perceptible au toucher. Parmi les défauts d'un épagneul breton, il faut signaler pour la tête: un chanfrein trop long ou trop court (dont la longueur ne serait pas égale aux 2/3 de celle du crâne), un crâne carré, en forme d'ogive, étroit ou au stop trop droit. Encore une fois, tous ces caractères ont plus d'importance pour les amateurs de chiens de compagnie que pour les chasseurs qui ne se soucient guère de l'esthétique de leur Breton pourvu qu'il ait de l'endurance et du flair...

Yeux

Ils présentent un éventail de coloris – noir, marron, noisette, ambré foncé – toujours en rapport avec la partie la plus foncée de la robe. Leur forme doit être bien ronde sans proéminence. Le regard doit paraître doux et traduire intelligence et vivacité d'esprit. Des yeux globuleux ou méchants sont considérés comme des défauts. De même, des pupilles trop claires et des tâches de ladre sur les paupières sont à éviter.
Remarque: le ladre qui est une dépigmentation de la peau est considéré en France comme un défaut, quand il se situe sur les paupières ou sur la truffe. Par contre, il peut être toléré lorsqu'il n'est pas trop visible sur les lèvres. Sans connaître réellement les raisons de cette discrimination, les juges français sont intransigeants à ce propos. Les Anglais par contre n'en tiennent aucun compte et préfèrent considérer des critères plus sérieux...

Oreilles

Elles ont aussi leurs règles définies par le standard, mais leur longueur importe moins que leur forme: les oreilles en "pétales de rose" sont autant appréciées que celles en "feuilles d'artichaut". Cependant, elles ne doivent pas être trop pendantes et leur implantation doit se situer au-dessus d'une ligne allant de l'occiput aux yeux. Elles peuvent être recouvertes de poils et de franges à condition qu'ils restent discrets: les poils un peu ondulés sont tolérés mais ils ne doivent jamais être frisés.
En résumé, les oreilles doivent, pour se conformer au standard, être plantées haut, plutôt courtes que longues et légèrement arrondies. Leurs poils peuvent être ondulés, chez les variétés "marron et blanc", mais s'ils sont trop

Kid-Jim à M.J. Tostain - Champion Field-Trial (EB)

frisés, cela constitue un défaut. De même que sont considérées comme défectueuses des oreilles plantées trop bas, tombantes ou larges.

Cou

Sa longueur doit être moyenne et sa forme en pente douce jusqu'au garrot. Il doit être bien dégagé des épaules. Un cou trop grêle (coup de cygne) ou trop engoncé dans les épaules (cou de taureau) est à éviter, comme la présence de fanons.

Epaules

Elles doivent traduire une impression de rondeur et de muscles. Trop obliques ou trop droites, elles sont jugées défectueuses.

Bras

Comme les épaules, les bras de l'épagneul breton doivent être bien musclés, de plus ils doivent être osseux. Des bras trop empâtés ou trop grêles ne sont pas recherchés.

Poitrine

Elle doit être profonde et posséder des côtes assez arrondies et larges. Descendant pleinement au niveau du coude, la poitrine idéale ne doit pas être trop étroite ni montrer des côtes plates.

Dos

Le garrot doit être bien sorti et le plus possible en forme de ligne droite. Un dos trop long et creux – en forme de

Glade d'Egaradja - Champion de Beauté (EB)

selle – est à bannir, tant pour l'esthétique que pour la résistance lors du travail de chasse, de même qu'un rein long, étroit et faible.

Croupe

Comme un garrot trop creusé, une croupe trop inclinée vers le bas est à proscrire. On parle de "croupe fuyante" ou "en forme de pupitre" pour désigner ces défauts. Mais attention, elle ne doit pas non plus être trop droite, ni trop étroite.

Hanches

Elles doivent être plus basses que le garrot mais suffisamment saillantes pour arriver à hauteur du dos.

Flancs

Ils seront bien remontés mais sans excès. S'ils sont trop gras et tombants, les juges les considèrent comme des défauts.

Queue

Elle peut être absente à la naissance (anoure) ou coupée dès l'âge de 8 jours. Dans ce dernier cas, elle ne dépassera pas 10 cm de long et sera de préférence tombante. Cependant la queue portée droite n'est pas considérée comme un défaut. Par contre, elle ne sera jamais longue ou nue.
Remarque: certains éleveurs estiment qu'une queue coupée très court améliore la silhouette du Breton, d'autres pensent que l'absence totale est préférable pour chasser dans les buissons épineux. A vous de choisir selon vos goûts et l'usage que vous destinerez à votre Breton.

Jambes

Celles de devant doivent être très droites et recouvertes de poils peu frangés. Quant à celles de derrière, elles possèderont des cuisses larges et musclées. La présence de franges, par contre, sera recherchée sur les cuisses. Un point important à respecter est l'alignement de la fin de la cuisse et du jarret. Sont considérées comme défectueuses des jambes avant trop droites ou trop obliques et des jambes arrière aux cuisses trop droites. Dans les deux cas l'absence de franges est un signe de défectuosité.

Pieds

Ceux de devant doivent être aux doigts serrés et ronds (en forme de “pieds de chat”) tandis que ceux de derrière seront moins larges mais plus longs (en forme de “pied de lièvre”). Un peu de poil doit se situer entre les doigts. Sont estimés comme défectueux des pieds larges, longs, gras ou trop ronds.

Peau

Elle sera, chez l'épagneul breton bien typé, assez fine et lâche. Mais cependant, elle ne doit être ni trop lâche, ni trop épaisse.

Poil et robe

Le poil du corps de l'épagneul breton doit être fin, long et plat. Une légère ondulation est tolérée à condition qu'elle n'aille pas jusqu'à donner un poil frisé. De même un poil trop fin et soyeux est considéré comme un défaut.
Le sous-poil doit être bien fourni.

La couleur de la robe peut être de deux ou de trois couleurs: blanc et orange, blanc et marron, blanc et noir, blanc noir et marron. Elle peut enfin être rouannée de l'une ou l'autre de ces couleurs. Comme le terme cob emprunté au vocabulaire hippique, le terme "rouanné" a la même origine équine: il définit un cheval dont le crin est noir et la robe constituée d'un mélange de poil blanc et rougeâtre. Depuis 1933, la couleur "noir et blanc" n'est plus considérée comme un défaut. Il a été prouvé, depuis, que cette couleur est le fruit du croisement d'un Breton marron et blanc et d'un orange et blanc.
Nous ne sommes pas encore arrivés aux limites de l'évolution du standard et l'avenir réserve encore bien des surprises.

En résumé

Voici les caractéristiques d'ensemble de notre Breton, telles qu'elles sont définies par le standard:

- petit chien élégant;
- trapu et râblé;
- très vigoureux;
- mouvements énergiques;
- physionomie intelligente;
- aspect d'un cob plein de sang;
- taille maximale: 0,51 m (M), 0,49 m (F);
- taille minimale: 0,48 m (M), 0,47 m (F);
- court de rein;
- tête arrondie;
- museau aux lèvres remontées;
- oreilles plutôt courtes et attachées haut, peu frangées;
- poil ondulé sur le corps, jamais frisé;
- queue courte (10 cm maximum) ou absente.

Historique de l'évolution du standard de l'épagneul breton

Contrairement à ce que la plupart des amateurs croit, un standard est en permanente évolution. Si nous prenons ici pour exemple le cas de l'épagneul breton, c'est que ce chien est très prisé: 250.000 épagneuls bretons sont recensés officiellement en France et plus encore en Italie. Il faut y ajouter les nombreux chiens aux propriétaires discrets et ne désirant pas montrer leurs qualités lors des concours ou des field-trials. Comme nous l'avons déjà remarqué, le standard du Breton a connu de nombreux tâtonnements et hésitations avant de se stabiliser sous sa forme actuelle. D'ailleurs qui peut assurer que celle-ci sera définitive? Quand le premier standard a été écrit, en 1907 à Loudéac, cette race était seulement connue et appréciée en Bretagne. Le club d'alors ne comptait qu'une cinquantaine de membres. On mesure le chemin parcouru lorsque l'on sait qu'aujourd'hui il existe au sein du club plus de 2.000 "bretonniers".

Mais comment cette race, qui n'était au début du siècle qu'une curiosité régionale, a-t-elle pris un tel essor? Tout simplement grâce à la mise en place nationale et internationale de son standard. Une fois ce code défini, tous les éleveurs parlant le même langage ont pu œuvrer dans le même sens: celui du maintien et du développement des qualités de la race. Ce ne fut pourtant pas aussi simple que cela peut le paraître. Tout d'abord, les juges de l'époque perdirent beaucoup de temps à vérifier que les queues des Bretons étaient courtes de naissance. Ils ne voulaient, à aucun prix, admettre comme "bons pour le standard" des chiens dont la queue avait été écourtée après la naissance et ils recherchaient, lors des concours, le "grain de blé" situé au bout de la queue et qui, à leurs yeux, était une garantie de naturel...

Jusqu'au jour où un éleveur, un peu plus astucieux que discipliné, leur demanda de distinguer deux chiens: un ayant la queue coupée artificiellement, l'autre étant "anoure" (sans queue) de naissance. Par manque de chance, ou par irritation devant cet éleveur effronté, ils donnèrent une réponse... inversée! La preuve était faite de la précarité de jugement de ce caractère caudal. Heureusement, en 1933, le bon sens reprit le dessus et, après un référendum unanime, les épagneuls à queue écourtée étaient admis dans le nouveau standard modifié. Ainsi, il avait fallu près d'un quart de siècle pour que messieurs les juges admettent que les qualités d'un chien de chasse ont plus de chance de se trouver côté truffe que côté queue! Aujourd'hui, le standard admet également les chiens possédant une queue non coupée entièrement à condition qu'elle ne dépasse pas 10 cm.
Une autre lubie de l'époque, au niveau du standard, était l'exclusion totale des épagneuls bretons à robe noire et blanche. Cette pratique arbitraire avait soi-disant pour but d'éviter la présence de sang anglais dans la race (sic). Or, quand on connaît l'origine des Bretons, cette remarque peut faire sourire. Ce qui est plus ridicule c'est que les épagneuls bretons à robe orange et blanche sont, en réalité, plus proches des races anglaises que les noir et blanc. Deuxième erreur, qui aurait pu être fatale à la race: les noir et blanc sont, comme vous le confirmeront de nombreux éleveurs, plus robustes que les orange et blanc. Mais ne créons pas une polémique de plus entre Clubs de races voisines: car si, selon certains, les épagneuls bretons auraient du sang anglais, selon d'autres, ils auraient donné naissance à des races anglaises comme les clumbers spaniels par exemple. Nous n'entrerons pas dans ce débat pipé qui ne passionne que les experts ou soi-disant experts de salon.

Kid-Jim - Champion de Beauté

Toujours est-il que l'épagneul breton existe et qu'il possède un Club constitué d'éleveurs dynamiques, toujours prêts à assurer sa descendance et sa promotion en France comme dans le monde entier.

Bref commentaire sur l'épagneul breton

Possédant un maximum de qualités dans un minimum de volume, le Breton est un petit chien aux formes arrondies, bréviligne, court de rein, à queue courte, mesurant environ 0,50 m au garrot, ayant de l'influx, vigoureux et représentant bien un petit cob plein de sang. Tel est son standard résumé. Le mot cob d'origine britannique (encore!) a plusieurs traductions et sens, il désigne aussi bien un cygne... qu'un bidet.

Quels points communs peut-il y avoir entre ce gracieux palmipède et cet article sanitaire?... Tout simplement, la forme arrondie.

C'est d'ailleurs ce qu'avait très bien résumé un cynophile distingué, le révérend père Mège en prononçant cette phrase: *un épagneul breton, c'est rond de partout!*

Mais ne nous laissons pas enfermer dans des critères trop rigides qui risqueraient d'éliminer du standard des sujets méritants.

Ainsi, certains voudraient que le corps des Bretons s'inscrive parfaitement dans un carré et rejettent tous les candidats ne rentrant pas dans ce "cadre". Cette recherche nous paraît aussi utopiste que celle de la quadrature du cercle. A l'inverse, il convient de n'être pas trop laxiste quant à l'interprétation de l'appellation "cob". En effet, si l'épagneul breton doit avoir le crâne, la croupe, l'épaule et même la poitrine arrondis, ce ne sont pas des critères suffisants pour qu'il corresponde parfaitement aux exigences du standard. La longueur du rein compte aussi car plus le chien aura le rein court et large, plus il sera résistant à la fatigue. Ce point est très important pour les chasseurs qui désirent acquérir un bon chien de travail. Nous verrons dans le chapitre du Dressage et de la Chasse, les autres qualités respectives des divers épagneuls. Il existe un truc pour juger de la bonne taille du rein: placez le petit doigt de votre main sur la dernière côte du chien et essayez de toucher l'os de sa cuisse à l'aide de votre index. Si vous devez écarter les doigts, le chien est trop long de rein. Cette méthode, souvent utilisée par les juges lors des concours, est toutefois relativement subjective puisqu'elle dépend évidemment de la taille de votre main. Il est d'ailleurs regrettable de constater qu'il n'existe pratiquement aucun instrument biométrique simple permettant à un amateur de comparer deux chiens. Même les juges les plus expérimentés peuvent se tromper lors de concours puisqu'ils ne font appel qu'à leur mémoire. Les juges possèdent d'ailleurs une lourde responsabilité, puisqu'ils décident souvent seuls si les chiens présentés sur ring (concours de beauté) ou sur le terrain (concours de travail ou field-trial) méritent un titre ou non. La réglementation des concours est résumée en fin d'ouvrage. Quant aux dates des diverses manifestations et présentations, vous pourrez les obtenir auprès de la Société Centrale Canine, 215 rue Saint Denis 75002 Paris. Téléphone: (1) 233.61.67 ou auprès des Clubs et des Sociétés canines régionales.

Adresse du club de l'épagneul breton

Président:	Léon Le Louet "La Neuville" Mousseaux-Neuville 27220 Saint André de l'Eure
Vice-Président:	Le Floch 11, av. des Marguerites 77400 Lagny

Le standard de l'épagneul français

Tête

Les qualités d'un épagneul français se jugent autant à sa tête qu'à la forme de son corps. La première précaution à prendre, vis-à-vis de la tête, consiste à vérifier qu'elle n'est pas trop setterisée (profil carré). Pour cela, les lèvres doivent être moyennement épaisses, peu descendues et légèrement arrondies. La truffe sera forte, bien ouverte et de couleur marron. Elle s'alignera bien dans le prolongement du chanfrein qui sera légèrement convexe et possèdera un stop bien marqué. Cependant cette cassure ne sera pas trop accusée, sous peine de constituer un défaut. Le museau sera plutôt long et assez large. Les muscles zygomatiques des pommettes ne seront pas trop accusés. Le crâne doit être de forme arrondie et légèrement convexe mais jamais plat. La tête doit donner une impression de force se traduisant par un ensemble allongé et sans lourdeur.

Oreilles

Elles sont plus longues que celles du Breton et sont attachées plus bas: sur la ligne de l'œil ou même en dessous et un peu en arrière. On ne doit pas voir leur face interne. Leur extrémité doit être arrondie et non triangulaire. Les poils sont soyeux et ondoyants et recouvrent bien les oreilles jusqu'à leur extrémité.

Yeux

L'épagneul français idéal doit posséder de grands yeux ambre foncé. Son regard doit traduire à la fois la douceur et l'intelligence. Les yeux méchants ou rapaces et de couleur trop claire sont considérés comme des défauts.

Cou

Il doit avoir la forme d'un tronc de cône (cône dont le

haut est tronqué). Sa longueur doit être harmonieusement proportionnée avec la tête et le corps. Le cou ne doit pas donner une impression de lourdeur.

Epaules

Elles seront longues, obliques et dotées d'une bonne musculature. De plus, l'angle compris entre l'omoplate et la jambe avant (appelé angle scapulo-humoral) doit être assez accusé.

Poitrine

Pour répondre aux exigences du standard, elle doit être profonde et large. Ses côtes seront harmonieusement galbées mais jamais plates ni rondes.

Pieds

Ils doivent être de forme ovale et posséder des doigts arqués, serrés et bien recouverts d'un feutre de poils. Contrairement à l'épagneul breton, l'épagneul français ne doit pas avoir les doigts trop longs et en forme de “pied de lièvre”. La pièce cornée située sous le pied (appelée sole) doit être dure.

Cuisses

Elles doivent être larges, bien musclées et très ascendantes. Elles seront recouvertes de franges jusqu'au jarret qui sera un peu coudé. Leur os canon sera droit et sans excroissance pointue à l'arrière (ergot).

Prisca de la Côte des Fourches à M. Loreaux (EF)

Dos

Pour répondre au standard, il doit être, chez l'épagneul français, assez long et former une ligne bien soutenue qui relie l'encolure au rein.

Rein

L'épagneul français, comme le Breton, doit avoir le rein droit, court et musclé. Ses flancs assez relevés, et son rein vigoureux doivent donner une idée de puissance et d'élégance.

Croupe

Elle sera taillée en oblique, avec la pointe des fesses légèrement saillante, mais ne devra jamais être trop droite ni trop fuyante.

Queue

Attachée un peu bas, la queue du Français est plus longue que celle du Breton. Portée horizontalement ou oblique, elle est légèrement incurvée en “S”. Garnie de longues soies commençant à quelques centimètres de la naissance, s’allongeant jusqu’au milieu, puis diminuant progressivement jusqu’à l’extrémité, elle contribue à l’harmonie de l’ensemble.

Poil

Il doit être long, souple, plat ou légèrement ondulé, dense, fin à la tête. Les frisures ne sont admises qu’aux oreilles, au cou, aux pattes et à la naissance de la queue, contrairement au Breton qui doit en être totalement dépourvu.

Epagneul français

Robe

Sa couleur doit être invariablement à fond blanc avec des taches marron. Les mouchetures trop nombreuses ne sont pas à rechercher. La robe du setter Liver-Belton et la robe rouannée de marron et de gris du Picard ne sont pas admises. Les teintes feu aux joues et autour des yeux sont éliminatoires.

Taille

Mâle: de 0,55 m à 0,60 m avec tolérance de 2 cm en plus.
Femelle: de 0,54 m à 0,58 m avec tolérance de 2 cm en plus.

Epagneul français

En résumé

D'après la définition de l'épagneul français telle qu'elle ressort du standard, on peut dire que c'est un chien grand et musclé, sans lourdeur. Il se dégage de son aspect général une impression de puissance et de calme ainsi que de noblesse. Sa taille, comprise entre 0,54 m et 0,60 m, le rend impressionnant pour certains citadins. Corrigeons cette appréhension en précisant que ce n'est pas le plus grand des chiens possédés par nos concitoyens et que son caractère le rend bien moins encombrant que certains petits chiens qui ont toujours "la bougeotte"...
Nous reviendrons plus loin sur ses qualités de chasseur au bois mais aussi en marais (à condition de le réchauffer ensuite au coin du feu). Enfin, ce qui ne gâte rien, il est très facile à dresser et garde très bien la maison.

Adresse du Club des épagneuls français

Président : M. Joyet
Saint Michel de Mortaigne
24230 Velines

Secrétaire: M. Loraux
"Nobel" 6 Bd Champollion
Grésilles Extension
21000 Dijon

Le standard de l'épagneul picard

Aspect général

L'épagneul picard type doit être un chien bien râblé, aux membres forts et nerveux. Sa taille, mesurée à hauteur du garrot, doit être comprise entre 0,55 et 0,60 m. Son aspect

Epagneul picard

musclé ne doit pas lui donner l'air méchant et agressif. Son port de tête gai et imposant lui confère, au contraire, un air doux et expressif. Une tolérance de 2 cm par excès est admise quant à la taille.

Truffe

Le nez doit être de grosseur moyenne et de forme assez ronde. La seule couleur acceptée est le brun. Comme chez les autres variétés d'épagneuls, la truffe devra être sans trace de ladre. Un autre défaut à éviter est un nez trop pointu ou trop serré. L'anomalie génétique constituée par un dédoublement des narines (double nez) ne doit pas être considérée comme la preuve d'un meilleur odorat mais plutôt comme un défaut. Enfin, un nez de couleur noire est à éviter, pour satisfaire le standard très exigeant. Mais rien ne prouve qu'un Picard, doté d'un nez noir, soit moins bon chasseur qu'un Picard à la truffe marron (si vous avez remarqué le contraire, écrivez-nous. Ce sera peut-être une occasion de faire évoluer le standard...).

Lèvres

Comme chez les autres épagneuls (à l'exception du Bleu de Picardie) les museaux carrés, signe de setterisation, sont à éviter. Ainsi, les lèvres ne doivent pas être trop descendues ni trop épaisses. De même, si elles sont trop pendantes ou trop relevées, cela est un signe de défectuosité.

Chanfrein

Il doit être long et assez large. Allant en diminuant depuis l'attache de la tête jusqu'au museau, il possède comme chez le Pont-Audemer une proéminence au milieu. Mais cette dernière doit être moins visible que celle du Pont-Audemer. Le stop est peu marqué comme chez les autres épagneuls à l'exception du Bleu de Picardie. Sont à considérer comme des défauts, un chanfrein trop court, trop mince et trop busqué ainsi qu'une tête “en poire”.

Crâne

Il doit être bien rond et large, mais cette rondeur ne doit pas s'étendre jusqu'aux parois latérales. Celles-ci doivent être plates, sans toutefois tomber dans le défaut d'un

crâne trop carré. L'occiput doit être bien prononcé à l'arrière de la tête. Le stop, ou cassure, sera bien oblique, jamais à angle droit. Il sera toutefois moins marqué que chez le Bleu de Picardie qui possède des arcades sourcilières plus accusées, héritées du Setter.
Les défauts morphologiques à éviter sont, en plus des crânes trop carrés, ceux trop droits, trop étroits ou trop courts.

Yeux

Ils sont aussi importants pour définir le standard de beauté que pour traduire le caractère du chien. De couleur ambre foncé, ils doivent être bien ouverts et offrir un regard franc et très expressif. Méfiez-vous des regards fourbes et hypocrites qui traduisent souvent manque de confiance et méchanceté. A éviter également, les chiens aux yeux trop clairs, trop enfoncés ou bien à "fleur de tête". Quant aux yeux bridés, ils ne sont pas dignes des épagneuls de France.

Oreilles

Elles doivent être implantées assez bas sur le crâne et bien encadrer la tête. Pourvues de belles soies ondoyantes, elles donnent au chien une allure distinguée et gracieuse. Des oreilles trop courtes, trop étroites ou implantées trop haut sur le crâne sont considérées comme des défauts, de même que celles aux soies manquantes ou trop frisées.

Cou

Il sera bien "attaché" et musclé. Un cou trop long, trop grêle ou trop court est à éviter.

Epagneul picard

Epaules

Elles doivent être, comme le cou, assez musclées. Longues et plutôt droites, elles seront en accord avec le standard. Trop courtes, trop étroites, trop obliques ou trop renversées en arrière, elles sont défectueuses.

Bras

Comme l'ensemble des parties du corps, ils doivent donner une impression de bonne musculature et ne pas paraître trop frêles.

Poitrine

Elle sera profonde et assez large. De plus, elle devra descendre franchement au niveau du coude pour être conforme. Une poitrine trop étroite ou pas assez descendue au niveau du coude est à éviter.

Dos

Cette partie du corps de l'épagneul picard doit posséder une longueur moyenne. Doté d'une légère dépression après le garrot, le dos ne doit pas être trop "ensellé", ni trop long. Enfin les hanches doivent être légèrement plus basses que le garrot.

Rein

Insistons encore sur l'importance de cette partie du corps. Chez les chiens de chasse, soumis à des courses très éprouvantes, une bonne résistance musculaire est nécessaire. Le rein du Picard type sera bien droit, pas trop long, large et épais. Un rein étroit est trop faible pour supporter les contraintes de la chasse intensive.

Hanches

Elles seront saillantes, sans être trop hautes ni trop basses: une bonne hauteur doit les faire arriver au niveau du dos et du rein. De même que les reins, des hanches trop étroites sont un défaut.

Croupe

Très légèrement oblique et arrondie, elle sera moins fuyante que chez le Breton. La queue ne sera pas attachée trop haut.

Flancs

Les flancs idéaux doivent être plats mais profonds. Ce qui ne doit pas les empêcher d'être assez relevés. Sont considérés comme des défauts, des flancs trop ronds, trop relevés ou trop bas.

Queue

Elle est constituée de deux légères courbes harmonieuses en forme de "S". Ornée de belles soies, la queue typique ne doit pas être trop longue et ne jamais descendre plus bas que la cuisse.
Méfiez-vous des queues trop visibles et guerrières comme, par exemple, celles en "sabre". De même, une queue trop longue, attachée trop haut ou trop bas et recouverte de soies trop frisées est à bannir.

Jambes avant

Bien musclées, comme l'ensemble du corps du Picard, les jambes de devant doivent être bien droites. Ornées de franges, elles doivent avoir les coudes bien d'aplomb. Eliminez les chiens possédant des jambes avant sans franges, trop ouvertes ou bouletées (à l'articulation trop portée en avant).

Jambes arrière

Les cuisses doivent être musclées, droites, larges et bien descendues. De plus, elles seront bien frangées jusqu'au jarret qui doit être peu coudé. L'os canon sera bien droit. Les défauts à éviter sont des cuisses étroites ou sans frange et des jarrets coudés ou serrés.

Panka du Val Picard

PIEDS

Ils doivent, pour correspondre au standard, être ronds et larges. Bien serrés, les doigts doivent laisser apparaître un peu de poils. Des pieds trop étroits, “écrasés” ou aux doigts trop ouverts sont défectueux.

PEAU

La peau de l’épagneul picard doit être assez fine et souple.

POIL

Comme l’épagneul de Pont-Audemer et le Bleu de Picardie, l'épagneul picard a le poil épais et peu soyeux. Par contre, il est plus fin à la tête. Légèrement ondulé sur le corps, le poil ne doit jamais être frisé. De même, un poil trop fin, trop soyeux ou trop court est à éviter.

Robe

De couleur gris moucheté, elle comporte également des plaques marron sur diverses parties du corps et à la naissance de la queue. Bien que n'ayant théoriquement pas de sang anglais, le Picard a souvent les pattes et la tête marquées de taches feu qui rappellent celles du setter gordon (ce phénomène est encore plus marqué chez le Bleu de Picardie, fruit du croisement du Picard et du setter gordon).
Les défauts, qui peuvent être relevés au niveau de la robe du Picard, sont un excès de taches marron ou la présence de taches blanches ou noires.

Le standard de l'épagneul Bleu de Picardie

Aspect général

Mise à part la couleur de sa robe, le Bleu de Picardie a un aspect général proche de celui du Picard. C'est un chien assez près de terre et bien bâti pour le travail de la chasse.

Nez

Comme le Picard, l'épagneul Bleu de Picardie possède une truffe brune de taille moyenne, large et bien ouverte (bien que le standard ne le signale pas, nous pouvons ajouter qu'il possède un odorat très développé. Sans vou-

Jocker des Schux - Champion de France 1978 (E BP)

loir créer de jalousie entre races, nous pensons que son nez est plus fin que celui du Picard dont il est issu. Cela s'expliquerait sans doute par l'apport de sang du setter gordon réputé pour son odorat développé. Par contre, le fait d'acheter un chien au nez double n'augmente pas les chances d'avoir un fin limier. Au contraire, cette malformation génétique est considérée comme un défaut par de nombreux juges, ainsi qu'un nez serré ou pointu. La cou-

leur noire du nez, bien qu'admise chez les épagneuls bretons à robe "noir et blanc", est considérée comme un défaut chez tous les autres épagneuls).
Le chanfrein du Bleu de Picardie, comme celui du Picard est long et assez large. Il ne doit jamais donner une tête en ... poire.

Lèvres

Les babines doivent être larges et bien descendues. Le museau doit avoir une forme bien carrée. Comme chez le Picard, des lèvres trop épaisses et trop relevées constituent un défaut.

Stop

La cassure doit être, chez le Bleu de Picardie, moyennement accentuée. En aucun cas, elle ne sera à angle droit.

Crâne

La forme du crâne est idéalement ovale. Elle est relativement large mais les pariétaux ne doivent pas être saillants. Par contre l'occiput est légèrement apparent. Un crâne de forme carrée ou droite est jugé comme un caractère déficient, de même qu'un crâne trop court ou trop étroit.

Yeux

De couleur foncée comme ceux du Picard, les yeux du Bleu de Picardie lui donnent le même regard calme et franc. Ils doivent être bien ouverts pour répondre au standard. Si une expression de nervosité et de méchanceté s'en dégage, il s'agit d'un défaut.

Oreilles

Dotées de belles soies ondulées comme celles des Picards, les oreilles des épagneuls Bleu de Picardie sont attachées un peu au-dessus de la ligne des yeux. Elles doivent être plantées suffisamment basses pour bien encadrer la tête. Par contre, si elles sont trop hautes ou trop étroites et qu'elles n'encadrent pas la tête, elles sont considérées comme défectueuses. Elles doivent être assez épaisses et ne pas être trop frisées ni manquer de soies. Voici un moyen simple, pour juger de la conformité des oreilles par rapport au standard, en plus des caractéristiques énoncées ci-avant: l'oreille tendue dans le sens de la longueur doit arriver nettement au bout du museau...

Cou

Il se doit d'être fort et musclé avec une encolure bien sortie. Une entorse à la règle des cous glabres: un léger fanon est permis sur le cou des épagneuls Bleu de Picardie.

Membres

Les épaules et les bras doivent être légèrement obliques. Des épaules trop droites et des bras trop grêles sont rédhibitoires. Les avant-bras doivent posséder une bonne musculature. Quant aux membres postérieurs, ils doivent avoir les cuisses bien musclées ainsi que les jambes longues et les jarrets coudés sans exagération. La présence de franges est autorisée sur les jambes et des jarrets aux pieds. Ces derniers sont obligatoirement ronds, un peu larges et jamais plats. Les doigts bien serrés seront séparés par des touffes de poils.

Odick des Schux (E BP)

Corps

La poitrine sera d'une bonne profondeur moyenne et jamais étroite. Les côtes doivent être rondes et bien descendues jusqu'au niveau du coude. Tandis que le dos et les reins sont bien soutenus et pas trop longs, la croupe est légèrement avalée.

Robe

Qu'il soit plat ou légèrement ondulé, le poil du Bleu de Picardie est d'une couleur aisément reconnaissable: composée de poils "gris-noir et mouchetés", la robe a une teinte bleutée avec des taches noires. Parfois la tête et les pattes ont gardé du Gordon, un peu de feu, ce qui ne constitue pas un défaut. Les franges sont généreuses sur les membres et la queue. Celle-ci ne dépasse guère le jarret et ne doit jamais posséder de crochet.

Taille

Mesurée au garrot, comme le précise le standard usuel, la taille de l'épagneul Bleu de Picardie doit être comprise entre 0,57 m et 0,60 m, comme celle du Picard. Une taille légèrement inférieure est permise chez les femelles: entre 0,54 m et 0,58 m.

Odick des Schux (E BP)

Epagneul Bleu de Picardie

En résumé

L'épagneul Bleu de Picardie est un chien plus proche du Picard que du setter gordon, ses deux ancêtres lointains.
Il conserve parfois en souvenir de ce dernier un peu de poils de couleur feu sur les pattes et la tête et surtout son meilleur odorat. Par contre les mauvaises langues et les cynophiles anglophobes diront qu'il possède la même fragilité que les setters au stade juvénile. Toujours est-il qu'une fois arrivé au stade adulte, l'épagneul Bleu de Picardie n'a rien perdu de ses qualités d'épagneul de France.
Mis à part ces quelques remarques, il ressemble beaucoup à l'épagneul Picard, une fois sa couleur de robe oubliée: ses yeux sont grands et calmes, ses oreilles sont longues,

bien arrondies et encadrent bien la tête; son chanfrein est long et assez large avec une truffe bien ouverte; ses lèvres sont moyennement épaisses et bien descendues, ce qui lui donne “la gueule bien carrée” au niveau du museau. Bref, c’est un chien de bonne taille, comme le Picard et le Français. Solide, musclé et vigoureux, sa grande rusticité l’appelle à chasser sur tous les terrains, y compris au marais où il peut rivaliser avec le Pont-Audemer.
Le club de l’épagneul Bleu de Picardie a le même siège social que celui du Picard et du Pont-Audemer.

Le standard de l’épagneul de Pont-Audemer

Aspect général

Cet épagneul donne un ensemble de chien trapu et vigoureux. Sa taille idéale sera comprise entre 0,52 m et 0,58 m.

Epagneul Pont-Audemer à M. Gréaume

Nez

Il doit être de couleur brune et avancer sensiblement sur le devant de la lèvre. La truffe est plus pointue que ronde. Les nez de couleur trop noire ou trop claire sont à éviter, de même que les traces de ladre sur la truffe.

Lèvres

Elles sont fines et peu descendues. Ce qui doit se traduire par un museau plutôt pointu. Il faut remarquer un dimorphisme sexuel de la forme de la tête: la femelle a un museau plus pointu que celui du mâle.
Des lèvres trop épaisses et dotées de babines sont un défaut.

Chanfrein

Il doit être long et posséder une proéminence en son milieu. S'il est court, large ou trop busqué (c'est-à-dire à la courbure convexe), ce sont des défauts éliminatoires.

Crâne

Pour correspondre au standard, il doit être rond et développé au sommet. La crête occipitale, située à l'arrière du crâne, doit être proéminente. Les parois latérales du crâne doivent être plutôt rondes et leur angle de liaison avec le chanfrein doit être faible. Ce qui n'empêche pas la cassure d'être bien marquée. Le front dégarni doit se relever vers la huppe qui sera bien frisée. Cette huppe (ressemblant à une perruque à la mode Louis XIV...) doit être bien placée au sommet du crâne pour ne pas recouvrir le front. Si elle redescend jusqu'aux arcades sourcilières et que ses poils sont retombants, elle peut être considérée comme

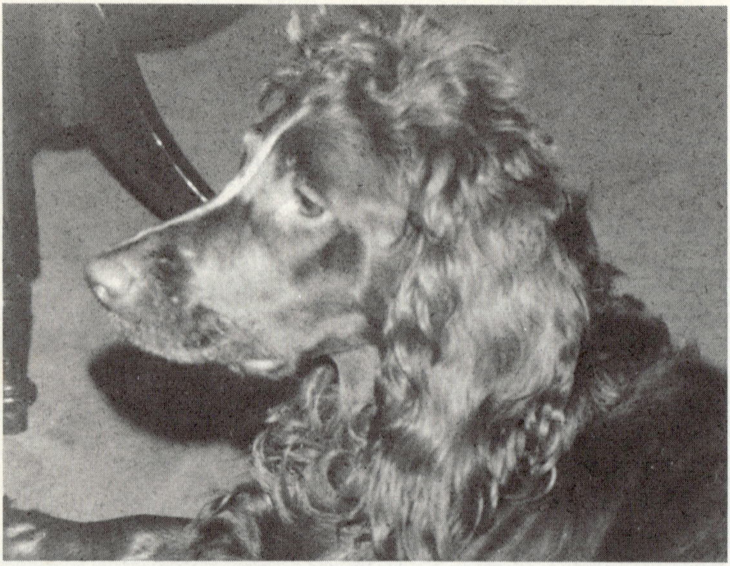

Epagneul Pont-Audemer à M. Gréaume

défectueuse. De même, une absence de huppe et un front totalement chauve sont jugés comme défectueux. Autre défaut à éviter: un crâne aux parois latérales plates et possédant un angle avec le chanfrein trop droit ou un front parallèle à ce dernier.

Yeux

La taille des yeux doit être plutôt petite. Leur belle couleur ambre foncé ou noisette compense leur petitesse. De plus, ils se doivent d'être "bien enchâssés dans leur orbite" et non à "fleur de tête". Des yeux trop enfoncés, cependant, constituent un défaut. Quant au regard du Pont-Audemer, il donnera une impression de franchise et de bonté plutôt que de fourberie et de méchanceté. Sont à rejeter les épagneuls au regard trop hagard et farouche.

Oreilles

Elles doivent être assez longues et garnies de poils très frisés. Ce sont les soies des oreilles et de la huppe qui donnent cette impression de perruque surprenante. L'épaisseur des oreilles ne doit pas être trop importante. De plus, elles doivent être plates et attachées assez bas pour bien dégager les joues. Les oreilles trop courtes, trop épaisses ou attachées trop haut sont considérées comme des défauts. Il en est de même des oreilles trop portées en avant ou trop en arrière. Enfin, il faut éviter qu'elles ne soient "papillotées".

Cou

Chez l'épagneul de Pont-Audemer, le cou idéal sera bien musclé. Sa forme sera nette sans être trop marquée. Les cous trop lourds et empâtés vers le haut sont peu recherchés. Solidement fixé aux épaules, le cou doit être plus finement attaché à la tête. Il ne doit jamais être plat sur le dessus.

Epaules

Elles doivent être fortes et longues. De plus, elles auront une gracieuse forme oblique et seront serrées au niveau de la colonne vertébrale. Des épaules courtes, étroites et écartées à leur point de réunion avec l'épine dorsale sont défectueuses.

Epagneul de Pont-Audemer à M. Gréaume

Bras

De même que le cou et les épaules, les bras des Pont-Audemer doivent être forts et bien musclés (un chien trop maigre sera plus sensible aux maladies et sera disqualifié par les juges lors des concours).

Poitrine

Les qualités de cette partie du corps sont, d'après le standard, très bien précisées: profonde, large, descendant pleinement au niveau de la naissance du coude. Ainsi les poitrines qui manquent de descente, sont trop creuses et par trop ouvertes ne doivent pas être retenues. Quant aux côtes idéales, elles seront longues et saillantes plutôt que plates. Dernière précision: la dernière côte doit être bien rapprochée de la hanche.
Attention: des côtes trop rapprochées sont considérées comme défectueuses.

Dos

Cette partie du corps doit être droite et légèrement convexe. Un dos plat ou creux est à éviter, de même qu'un dos trop étroit ou trop long.

Rein

Traduisant les aptitudes de résistance physique, ce détail anatomique intéresse surtout les chasseurs. Chez le Pont-Audemer, il sera assez court et musculeux. D'un aspect solide et large, le rein idéal ne devra jamais être long, étroit ou plat.

Epagneul Pont-Audemer à M. Gréaume

Hanches

Les hanches idéales doivent arriver à la hauteur du dos et être franchement saillantes. Si elles sont trop basses, elles seront considérées comme un défaut.

Croupe

Cette partie du corps doit être très légèrement oblique. Une croupe trop droite ou "avalée" (trop effacée) est souvent mal jugée.

Flancs

Les flancs du Pont-Audemer sont de préférence plats, sans être trop charnus. De plus, ils doivent être un peu relevés. Des flancs trop descendus étant estimés comme défectueux.

Queue

C'est un attribut qui joue un grand rôle dans l'esprit des juges canins, sans toutefois friser l'obsession rencontrée pour les épagneuls bretons. Elle peut être coupée ou non. En général, lorsque la queue n'est pas coupée, sa longueur est moyenne. Ceux qui préfèrent supprimer une partie de cet appendice, devront en garder les deux tiers pour que le chien reste conforme au standard. Portée assez droite, la queue du Pont-Audemer type est attachée presqu'à la hauteur de la ligne du rein. Elle est généralement chargée de poils frisés qui l'entourent complètement. Si elle est attachée trop haut ou trop bas et que sa forme est trop recourbée ou ressemble à un "sabre" ou un "panache", les juges considèrent qu'il s'agit de défauts.

Jambes arrière

Comme les bras, les jambes arrière doivent être fortes et musclées. Les cuisses doivent être droites avec la pointe de la fesse saillante. Les jarrets seront également larges et droits. Les os canons seront plutôt courts, tandis que les cuisses seront bien “gigotées” et “culottées”. De nombreux défauts peuvent se cacher au niveau des jambes de derrière: des jarrets déviés, trop droits, trop écartés ou trop rapprochés. A éviter également, des os canons trop longs et obliques, d’arrière en avant ou sur les côtés, ainsi que des cuisses trop plates. Enfin la présence d’un ergot est à éviter.

Pieds

De forme ronde, les pieds du Pont-Audemer doivent lui donner une bonne assise. De longs poils frisés dépassent d’entre les doigts qui sont reliés par une légère palmure facilitant la nage dans les marais.
Des pieds trop étroits et trop poilus sont considérés comme présentant des défauts ainsi que ceux qui possèdent une sole trop charnue.

Poil

Caractéristique et reconnaissable, le poil du Pont-Audemer est frisé sans excès et légèrement bourru. S’il est trop frisé ou trop plat, il ne correspond plus au standard. C’est ce qui se passe également quand le chien possède une huppe non frisée. Cependant, bien que parent voisin du caniche, l’épagneul Pont-Audemer ne doit pas avoir le même port de huppe que celui-ci. L’aspect de “voyou ébouriffé” de ce dernier ne convient pas au Pont-Audemer dont la huppe doit être non retombante.. Enfin, son poil ne doit pas être trop dur ni trop fin.

Robe

La robe du Pont-Audemer est typique: marron pouvant

Epagneul Pont-Audemer - *Document Club de l'Epagneul Pont-Audemer*

s'accompagner de gris chiné; elle ne devra jamais présenter de taches feu. Elle aura de beaux reflets feuille morte mais ne sera ni noire ni "blanc et noir".

Le Pont-Audemer, une race en voie de disparition?

L'épagneul Pont-Audemer, ce sympathique chien "à perruque" doué de qualités incomparables pour la chasse au marais – endurance, poil hydrofuge, pattes palmées – va-t-il disparaître?

C'est le cri d'alarme que nous lançons, en constatant que le nombre d'éleveurs de cette race diminue d'année en année. Tandis qu'au siècle dernier, la seule ville de Pont-Audemer, dans l'Eure, comptait des dizaines d'éleveurs, aujourd'hui il n'y en a guère qu'un ou deux pour toute la France...

La société canine havraise a bien tenté, vers 1886, de relancer cette race sur le déclin en créant un élevage mais il a été vite arrêté. Aujourd'hui, les rares propriétaires d'épagneuls Pont-Audemer ne les font guère reproduire et les montrent rarement en exposition (4 Pont-Audemer contre 80 Picards lors de la dernière exposition canine organisée à Rue dans la Somme).

C'est la meilleure façon de laisser s'éteindre à petit feu cette brillante race. Or, ce ne sont pas les qualités qui lui manquent. Il peut même rivaliser avec d'autres épagneuls plus connus. Les braconniers de la forêt de Lyons, dans l'Eure, connaissaient bien les avantages de ces chiens qui ne souffrent pas des problèmes des épagneuls français au niveau du froid. Etant améliorés par un croisement avec les irish water spaniels – les descendants des setters irlandais et des caniches – les épagneuls de Pont-Audemer ont une vigueur et une endurance supérieures à celles des épagneuls français.

Très rustiques et courageux, les “Pont-Audemer” peuvent chasser plusieurs jours de suite, sans fatigue apparente. Ils ne sont d'ailleurs pas réservés à la chasse au marais: les plaines et les bois sont aussi leur domaine.

Ils auraient même des qualités de retrievers, pour aller à la recherche d'un gibier blessé. D'où la description enthousiaste d'un cynophile du siècle dernier: *plus rustique, plus vigoureux, plus ardent que le Français, le Pont-Audemer possède les mêmes qualités: l'intelligence, la souplesse, la douceur. La quête du Pont-Audemer est plus vive, plus soutenue que celle du Français. Il arrête également bien. Dans un marais herbeux, où il faut qu'un chien déploie beaucoup de force et de fonds, j'ai vu souvent le second faiblir, jamais le Pont-Audemer. C'est aussi un excellent chien de fourré, broussailleur, d'une intelligente activité qui m'a souvent été précieux. J'ai vu des Pont-Audemer qui auraient pu rivaliser avec les cockers les plus ardents.* Enfin, ce chien surdoué est très affectueux et attaché à son maître. Il se laisse conduire sans problème après quelques heures de dressage.

Comment un chien possédant autant de qualités peut-il être condamné à disparaître?

L'éternelle méfiance des Français vis-à-vis de ce qui vient de l'étranger et l'anglophobie peuvent expliquer en partie le boycottage de ce chien mi-français mi-anglais. Mais alors, il faudrait aussi rejeter la plupart des autres races, car aucune n'a une origine totalement française.

Epagneul Pont-Audemer à Mme Rabault

Une autre explication de ce déclin peut se trouver du côté de la robe du Pont-Audemer. Sa propriété d'être en permanence grasse pour protéger la peau du froid au marais est un inconvénient lors des expositions. Le chien souffre plus que les autres de la chaleur et de la poussière. D'où, peut-être, une réticence de leur propriétaire à les exhiber? A moins que, par pur égoïsme, ils ne préfèrent garder le secret sur les qualités de leurs protégés...?
Ce n'est sans doute pas la meilleure façon de maintenir cette race en vie. En procédant ainsi, ils apportent de l'eau au moulin des esprits étroits qui ne voient pour ces chiens qu'une utilisation régionale en oubliant que l'on faisait le même reproche aux Bretons avant qu'ils ne soient mieux connus. Une meilleure promotion de cette race peut encore être réalisée pour que nos enfants ne disent pas du Pont-Audemer "c'est une race de chien qui comme l'épagneul de Russie est introuvable aujourd'hui".
Il est encore temps de stopper la déchéance pour que... "sur le Pont-Audemer, on y redanse comme avant".

Adresse du Club des épagneuls de Pont-Audemer

Depuis 1980, face à la diminution du nombre de ses membres actifs, le Club des épagneuls de Pont-Audemer a été obligé de fusionner avec celui des épagneuls picards et Bleus de Picardie.

Chasse au lapin de garenne - *Photo L. Barbier*

Chiots épagneuls bretons

Chasse au faisan - *Photo L. Barbier*

TABLEAU RÉCAPITULATIF DES STANDARDS

	E. breton	E. français	E. picard	E. Bleu Picard	E. Pont-Audemer
Aspect général	trapu, élégant, et râblé, énergique	fier et fort	râblé, fort, nerveux	râblé, fort, nerveux	trapu et vif
Taille	46 à 51 cm	55 à 60 cm	57 à 60 cm	55 à 62 cm	52 à 58 cm
Poids	13 à 15 kg	20 à 25 kg	20 à 25 kg	20 à 25 kg	25 kg
Crâne	arrondi	arrondi	ovale	large et rond	rond et recouvert d'une huppe frisée
Stop	assez marqué	assez marqué	marqué	assez marqué visible et oblique	assez marqué
Chanfrein	étroit et court	légèrement convexe	long et assez large	long et assez large	long et bosselé au milieu
Truffe	de la couleur foncée de la robe	bien ouverte et brune	bien ouverte et brune	bien ronde et brune	pointue et brune
Yeux	ambre foncé	ambre foncé	ambre foncé	ambre foncé	noisette ou ambre
Regard	expressif	doux et intelligent	calme	franc	franc et bon
Oreilles	attachées assez haut	attachées assez bas	attachées hauteur moyenne	attachées assez bas	attachées assez bas
Cou	bien dégagé	bien proportionné	bien dégagé	musculeux	bien musclé et léger
Poitrine	profonde et assez large	profonde	moyennement profonde	profonde et large	large
Dos	court	long et droit	peu long	moyennement long	droit

	E. breton	E. français	E. picard	E. Bleu Picard	E. Pont-Audemer
Rein	court, large, musclé	oblique	bien soutenu	droit et large court et épais	court
Croupe	un peu fuyante	oblique	un peu ovalée	rebondie un peu oblique	oblique
Queue	courte (10 cm) ou absente	longue	incurvée sans crochet	un peu incurvée et soyeuse	moyenne
Membres	très droits et musclés	droits et musclés	longs et musculeux	droits, musculeux et grands	musclés et droits
Robe	blanc + autres couleurs sombres (orange, marron, noir) poil fin et un peu ondulé	blanc + taches marron poil long et ondulé	gris noir + mouchetures bleutées et parfois feu sur tête et pattes poil plat	gris + plaques marron poil épais peu soyeux et légèrement ondulé	marron + gris foncé poil épais et gras

Comment choisir votre épagneul

Quelle race choisir?

Convaincus par les arguments énoncés auparavant, ou par le bouche à oreille, vous avez décidé de choisir un épagneul. Que ce soit comme animal de compagnie ou pour la chasse, vous ne regretterez pas ce choix.
Nous avons vu les avantages du Breton, dont la petite taille et la gentillesse, associées au courage et à la résistance, en font un chien polyvalent: aussi doux à la maison que meurtrier à la chasse. Son intelligence et son esprit d'initiative ont donné au Breton une réputation de chien d'arrêt, sans équivalent dans le monde.
Toutefois, si vous ne vous intéressez pas qu'à la chasse et pouvez accueillir des chiens plus corpulents, n'hésitez pas à essayer les qualités des autres épagneuls: Français, Picard et Bleu de Picardie, Pont-Audemer.
Pour ce dernier, dépêchez-vous d'en acquérir avant qu'il ne disparaisse totalement. A l'heure actuelle, il ne resterait plus qu'une centaine d'individus de cette race!
Au lieu d'adopter le chiot offert à bas prix par un ami, vous aurez bien souvent intérêt, surtout si vous êtes chasseur, à acheter un chien ayant un pedigree reconnu. Renseignez-vous auprès des éleveurs du Club de race de votre région.

Une fois votre décision prise, rencontrez un éleveur réputé pour ses chiens primés en concours. Les chasseurs placeront les champions de travail avant ceux de beauté. Certains éleveurs possèdent des géniteurs primés à la fois en travail et en beauté. Les dons de chasse d'un épagneul sont perfectibles par le dressage mais ils sont souvent héréditaires. Un chien descendant de parents champions devrait a priori bénéficier d'une partie de leurs dons et être plus facile à dresser. Mais, il y a des exceptions! Profitez des expositions canines pour observer le comportement des chiens et discuter avec leur propriétaire. Si vous avez la chance d'être invité à un field-trial, ouvrez grands vos yeux mais réservez vos commentaires pour la fin de l'épreuve. Demandez les dates de l'exposition et des field-trial à la Société Centrale Canine ou à la Société Canine de votre région. Votre opinion étant mieux assurée, la dernière étape consistera à aller rendre visite à l'éleveur possédant la race de votre choix. Vous pourrez ainsi juger de vous-même du sérieux de l'élevage et de ses conditions sanitaires. Par mesure de précaution et par politesse, prenez rendez-vous au préalable car la profession d'éleveur est très prenante et il n'est jamais agréable pour l'éleveur d'être dérangé toutes les cinq minutes. Il en est de même du dresseur et du vétérinaire. Respectez leur vie privée comme vous aimez qu'on respecte la vôtre...

L'acquisition d'un chiot

L'achat d'un épagneul adulte étant souvent onéreux, il est conseillé de se procurer plutôt un jeune chien. Son âge sera compris entre 2 et 4 mois. Evitez d'acheter votre animal sans obtenir des garanties de "race pure" du vendeur. Certains individus peu scrupuleux n'hésitent pas à

Chiots de 2 mois blanc orangé et tricolore (EB)

importer frauduleusement de Belgique, des Pays-Bas ou d'Angleterre des chiots non vaccinés. Souvent, les acheteurs de ces animaux ne possèdent aucune indication sur leur origine et la pureté de leur race.

Des textes de lois réglementent l'importation, l'élevage et le commerce des chiens en France mais ils sont encore nettement incomplets et peu respectés. Soyez donc vigilants et exigez bien tous les certificats obligatoires: attestation de vente, carte de tatouage, certificat de naissance ou pedigree.

Vous êtes maintenant chez un éleveur de bonne réputation – recommandé par votre vétérinaire ou la Société Centrale Canine – et vous devez choisir votre chiot.

Il y a plusieurs façons de procéder: la première consiste à laisser l'éleveur vous conseiller. C'est la plus courante, surtout si vous êtes néophyte et que vous achetez votre premier épagneul. La seconde consiste à faire confiance à l'instinct du chiot pour deviner s'il existe des atomes crochus entre vous (approchez-vous d'une portée et intéressez-vous au premier chien qui viendra jouer avec vous).
Une troisième méthode, plus difficile à mettre en pratique, nous a été transmise par un éleveur. Elle consiste à placer les chiots à une centaine de mètres de la mère et à attendre. Celle-ci, constatant leur départ, va les ramener au nid, un par un, en les prenant par la peau du cou. Le premier chiot qu'elle rapportera sera le bon! En effet, la mère s'occupe toujours, en premier, du chiot le plus doué et le plus prometteur.
Avant de procéder ainsi, demandez à l'éleveur si la portée est complète...
Ces quelques trucs, ne sont pas les seuls. N'en faites pas une règle absolue. Parfois le hasard fait bien les choses en matière de rencontre chien-homme.
Une fois votre sélection faite, assurez-vous que le chiot est en parfait état de santé. Sa température ne doit pas dépasser 38°7. Observez bien sa tête: les yeux doivent être vifs et sans conjonctivite, les oreilles et le nez ne doivent pas être souillés.
Attention! Un chiot ayant de la fièvre, qui tousse et a les yeux rougis par la conjonctivite peut être atteint de la "maladie de Carré". Ce virus est souvent mortel pour les chiots non vaccinés[1]. Même si vous achetez un animal malade, sachez que la vente est nulle de droit lorsque,

[1] Voir le calendrier des vaccinations dans le chapitre Hygiène-Maladie et Traitements.

dans les 15 jours suivant celle-ci, il est atteint de maladie de Carré ou d'hépatite infectieuse.
Si cette situation se produit, n'attendez pas pour faire constater la maladie par le vétérinaire. Un autre détail à bien observer, lors de l'achat, est l'état de la dentition. Refusez d'acquérir un animal à la mâchoire disjointe. Si ses dents sont jaunes et cariées, cela peut être un signe de décalcification et de carence. Jetez aussi un coup d'œil sur la peau, pour détecter les éventuels symptômes d'eczéma et de parasitisme (tiques, aoûtats, gale, teigne, poux, puces, etc.).
Après la tête, regardez les membres du chiot. S'ils sont déformés, ils traduisent des symptômes de carence et de rachitisme.
De même, un ventre gonflé peut trahir du rachitisme ou un parasitisme. Observez bien le nombril, pour détecter la présence d'une hernie éventuelle.
Enfin pour les mâles, vérifiez bien que les deux testicules sont visibles. Sinon les juges refuseraient de confirmer votre chien et il serait disqualifié à tous les concours.
N'achetez jamais votre épagneul, dans la précipitation, la veille de l'ouverture de la chasse. Vous n'auriez pas le temps de bien choisir. Le printemps est le meilleur moment pour faire votre choix. Vous pouvez acheter un chiot à différents âges: de deux mois après le sevrage à deux ans. Mais plus il sera âgé et plus son coût sera élevé. Les prix de vente en 1983 peuvent aller d'environ 1.500 F pour un jeune chiot à... 10.000 F pour un chien trialer. Si vous achetez un très jeune chiot, réclamez sa carte de tatouage et son certificat de vaccination (bien que la loi Griotteray vous couvre pendant 15 jours après l'achat contre les maladies en incubation, il vaut mieux prendre toutes les précautions nécessaires). Votre choix peut également se porter sur un chiot plus grand – dit puppy – âgé d'une

dizaine de mois. Dans ce cas, assurez-vous qu'il a bien été débourré et pré-dressé en demandant de le prendre à l'essai chez vous. Si vous êtes chasseur, vous devez vérifier qu'il ne craint pas les coups de feu et qu'il possède les bases du dressage: obéissance au rappel, goût de la chasse, début de quête, d'arrêt et de rapport, etc. Vous serez encore plus exigeant sur la durée de l'essai, si vous achetez un chien âgé d'environ 2 ans. Le vendeur est en général d'accord pour vous le confier, une ou deux semaines, pour que vous testiez les qualités obtenues au dressage. Enfin, si vous avez de grosses économies et que vous pouvez vous permettre d'acheter directement un trialer, votre jugement sera facilité en assistant à un field-trial ou un concours où il sera en compétition.

Dernier point: faut-il choisir une femelle ou un mâle? Sur ce sujet, les avis sont partagés. Certains préfèrent les mâles car ils reprochent aux femelles leur période de chaleur. Pendant ces chaleurs, qui se produisent tous les six mois et durent environ deux à trois semaines, les chiennes doivent être surveillées pour les empêcher de rencontrer des mâles sans pedigree. De plus cette période, dite "de chasse", s'accompagne de pertes sanguinolantes, très désagréables en appartement. C'est une des contraintes de l'élevage des femelles (lices) mais pour rester objectif, reprochons aussi aux mâles d'uriner partout pour marquer leur territoire. De plus, les mâles sont moins faciles au point de vue caractère: ils sont plus violents et nerveux tandis que les femelles sont plus douces et soumises. A vous de décider selon les avantages et les inconvénients des deux sexes. De toute façon, le caractère de votre chien sera souvent fonction de son environnement et de votre état nerveux. Si vous êtes constamment d'humeur changeante, votre épagneul sera vite anxieux. De même, un chien constamment attaché finira par devenir psychopathe et aura rapidement un comportement anormal: il passera son ennui en avalant des cailloux ou en s'épilant les poils de la queue.

En conclusion

Avant d'être trop difficile lors du choix de votre épagneul, souvenez-vous que le chien au meilleur pedigree vous satisfera moins qu'un corniaud... si le premier est constamment enfermé au chenil.
L'affection du maître est aussi importante pour l'épagneul que la valeur de ses ancêtres...
"Tel maître, tel chien".
Si vous êtes chasseur, orientez votre choix en tenant compte des penchants respectifs des différents épagneuls pour le type de chasse que vous pratiquez. Par exemple, on conseille en général le Breton pour les taillis et les boqueteaux épineux, le Français est plus à l'aise en plaine qu'au maquis. Comme le Pont-Audemer, il aime le marais mais il est plus "poule mouillée" que ce dernier. Enfin le Picard est polyvalent. Quant au gibier chassé, certains chasseurs croient que chaque race est plus ou moins "créancée" pour un type de gibier (par exemple le Breton pour la bécasse). Cela n'est pas vrai, d'après les dresseurs. Ils affirment au contraire que chaque race est adaptable par le dressage, à n'importe quelle chasse et à n'importe quel gibier.

Le nom de votre épagneul

Chaque année, la première lettre des noms de chiens change pour que l'on puisse facilement connaître leur âge.

Toutes les lettres de l'alphabet ne sont pas utilisées: le K, le Q, le W, le X, le Y et le Z ont été volontairement supprimés car ils ne présentaient pas un grand choix possible de noms. En 1984: la lettre de l'année termine l'alphabet puisqu'il s'agit du V.
En 1985: A. En 1986: B. En 1987: C. En 1988: D. En 1989: E. En 1990: F, et ainsi de suite. Il suffira d'attendre dix-huit ans pour réutiliser les mêmes prénoms... Comme la durée de vie moyenne d'un chien est d'environ 15 années, on constate qu'avec ce système aucune erreur d'âge n'est rendue possible.
Voici à titre purement informatif et non directif quelques noms commençant par la lettre V. Dépêchez-vous d'acheter en 1984, un épagneul si un de ces noms vous satisfait, sinon vous devrez attendre... l'année 2002 pour l'utiliser!

Vaillant	Vendetta	Vicomte	Vitry
Valmy	Vendôme	Victoire	Vizir
Vampire	Vendredi	Vidocq	Vivaldi
Vainqueur	Vénerie	Viette	Vodka
Van	Veneur	Vigie	Voisin
Vanessa	Venise	Vigny	Volga
Vantard	Vent	Vinci	Volcan
Varech	Vénus	Vinette	Volt
Varlet	Verdier	Viola	Volta
Varlope	Verdi	Violette	Voltaire
Va-Tout	Vérone	Violine	Volti
Vauban	Versailles	Viotti	Voltigeur
Vaudou	Vesta	Virago	Volvic
Vedette	Vétéran	Virus	Vorace
Veinard	Veto	Visa	Voyou
Veloce	Vibrato	Vison	Vulcain

L'élevage

Tous les épagneuls s'élèvent presque de la même façon, sauf le Bleu de Picardie qui a hérité des setters une plus grande fragilité surtout les jeunes sujets. Les bases du bon élevage sont: alimentation saine et équilibrée, bonnes conditions d'hygiène et... affection.

Le logement de votre épagneul

Dès l'arrivée du jeune chiot chez vous, donnez-lui l'habitude des limites de son territoire. Rien n'est plus regrettable à voir que les maîtres obligés de céder à tous les caprices de leur chien adulte, parce qu'ils n'ont pas su faire preuve d'autorité dès le début. Sans parler des scènes de ménages en perspective si votre chien pleure toute la nuit pour dormir dans votre lit. Montrez-lui que vous êtes chez vous et qu'il devra partager votre territoire en fonction de vos goûts et non des siens. La psychologie des chiens est basée sur un principe assez simple: ils ont gardé, de leurs ancêtres les loups qui vivent en bande, l'habitude d'avoir un leader. En ne jouant pas ce rôle, vous pousserez involontairement votre chien à prendre cette place.
Première règle: que votre épagneul couche à l'intérieur ou

à l'extérieur, habituez-le très jeune à ne pas empiéter sur certaines parties de votre domaine: chambre à coucher ou salon, plate-bandes potagères, massifs floraux, etc.
A vous de définir clairement et fermement les frontières à ne pas dépasser, votre chien les respectera vite.

L'ÉPAGNEUL À LA MAISON

Choisissez une pièce calme et sans courant d'air pour accueillir votre jeune épagneul (ou votre adulte, si c'est l'hiver). Installez-y une caisse garnie de chiffons ou une corbeille capitonnée en osier, selon que vous désirez l'élever à la dure ou non. Les adultes peuvent coucher à même le sol, sur une couverture pliée en quatre. Par contre si le sol est carrelé, surélevez légèrement la couche, à l'aide d'une petite estrade en bois, pour éviter le contact direct du carrelage. Cela empêchera que le froid et l'humidité ne se propagent. Comme tous les jeunes chiots, l'épagneul a besoin de beaucoup de sommeil. En l'installant dans une pièce calme, il aura un meilleur sommeil que dans un couloir passager... Ne vous laissez pas apitoyer, au cours des premières nuits, par ses pleurs. Laissez-lui le temps de s'habituer à ce nouvel environnement. Si vous intervenez à chaque appel, il aura vite fait de vous "dresser" à obéir à ses caprices.
Voici plutôt quelques trucs simples pour favoriser l'endormissement du chiot: placez sa couche de façon qu'il ait le dos tourné vers un mur, ainsi il se sentira plus protégé qu'en plein milieu d'une pièce. Laissez une veilleuse allumée dans le local et placez un jouet dans sa caisse. Si malgré ces précautions, il n'arrivait vraiment toujours pas à s'endormir, vous pouvez lui donner un léger sédatif: demandez à votre vétérinaire de lui prescrire un médicament léger, allopathique ou homéopathique.

Une autre cause d'endormissement difficile est la présence de courants d'air. De plus, le chiot est souvent très enclin aux bronchites et aux trachéites que provoque une mauvaise isolation. Calfeutrez bien le bas des portes à l'aide de boudins remplis de chiffons, mais laissez passer un peu d'air pour qu'il puisse respirer. Il ne supporte pas non plus la proximité des radiateurs et des poêles. En règle générale, il vaut mieux qu'il ait un peu trop froid qu'un peu trop chaud. En effet, s'il fait une température basse, il pourra se pelotonner dans sa couverture, par contre s'il fait trop chaud, il ne saura pas se protéger de la chaleur. Pensez à laisser de l'eau fraîche qu'il pourra boire en pleine nuit, sans vous réveiller (vous saurez vite discerner, en fonction de ses cris, s'il pleure simplement pour jouer avec vous ou s'il souffre de la chaleur ou d'autre chose).
Dans la journée, votre chiot apprendra où se trouvent sa nourriture, son terrain de jeu et l'endroit réservé à ses besoins. Nous verrons, dans le chapitre sur le dressage, comment habituer votre épagneul à être rapidement propre. Soyez indulgent au début, car votre chiot a besoin d'une période d'adaptation avant d'acquérir certains mécanismes. S'il a fauté, ne le frappez jamais de la main – celle-ci doit être réservée aux caresses – mais élevez la voix. De même, si votre chiot empiète sur un territoire interdit, comme votre chambre à coucher par exemple, portez-le par la peau du cou – c'est indolore puisque les chiennes le font – jusqu'à la limite qu'il n'aurait pas dû franchir et grondez-le d'une voix forte.

L'ÉPAGNEUL AU CHENIL

Les chiots des épagneuls, comme ceux des autres races, ont un fort besoin d'exercice. Il est toujours plus souhaitable pour eux de vivre à l'extérieur qu'à l'intérieur d'une maison ou d'un appartement. N'oublions pas que ces chiens, bien qu'ils arrivent par leur patience à "jouer aux chiens de compagnie", sont, avant tout, des chasseurs. Si vous possédez une cour ou un jardin, il est de l'intérêt de votre épagneul de l'y laisser courir tout son soûl. Evitez l'erreur consistant à attacher les chiens dès leur plus jeune âge. Non seulement, cela est nuisible à leur bon développement musculaire, mais cette pratique risque de perturber leur aplomb et leur assise sur les pattes. Habitués à constamment tirer en avant, pour aller au maximum de la longueur de leur chaîne, ils déplacent leur centre de gravité. Une fois détachés, ils auront du mal à retrouver un bon équilibre et auront plus de problèmes à garder la position de l'arrêt lors de la chasse. Quant aux épagneuls adultes, leur chaîne doit réglementairement mesurer au moins deux mètres. La surface du chenil doit permettre les déplacements sans réduire les mouvements. Si vous n'avez qu'un hangar ou une grange à offrir à votre chien, assurez-vous que l'aération est telle qu'il n'y a pas de condensation. Enfin, si votre épagneul dort dehors, offrez-lui un abri digne de ce nom et non, comme on peut encore le voir dans certaines campagnes, un demi-tonneau métallique...

Achetez une niche étanche et vaste ou, si vous ne pouvez lui payer une niche neuve, construisez-la vous-même, en vous aidant des plans ci-joints conçus par le Centre Technique du Bois[1]. Quelques heures suffiront à cette fabrication. Les matériaux nécessaires sont des feuilles de contreplaqué de 10 mm d'épaisseur. Assurez-vous que la mention qualitative "EXTERIEUR C.T.B." est bien inscrite dessus, sinon votre niche risque de prendre l'eau...

Selon la race d'épagneul que vous aurez choisie, optez

[1] Centre Technique du Bois: 10 Avenue de Saint-Mandé, 75012 PARIS.

Dimensions: 65 × 90 cm ou 80 × 100 cm avec deux feuilles de contreplaqué 10 mm de qualité "Extérieur"

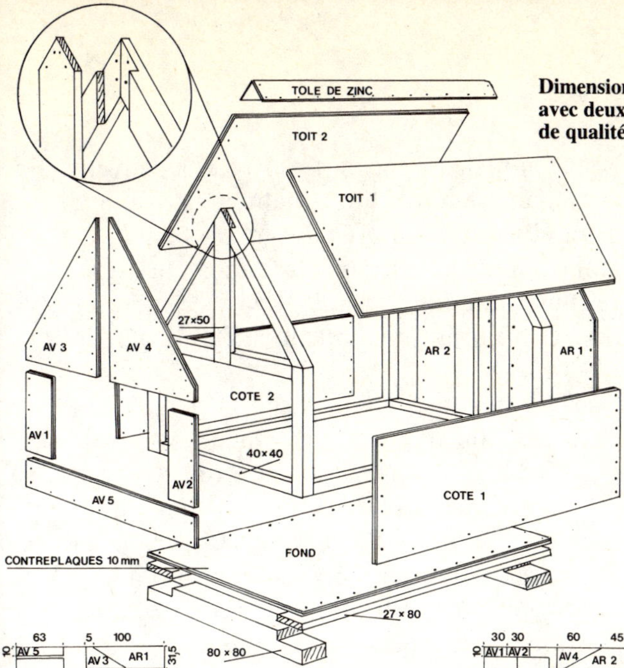

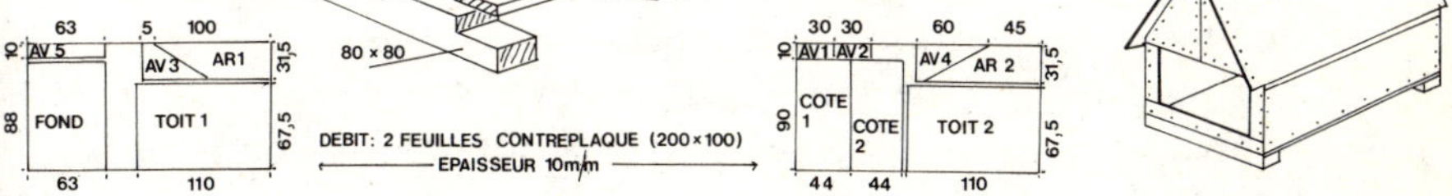

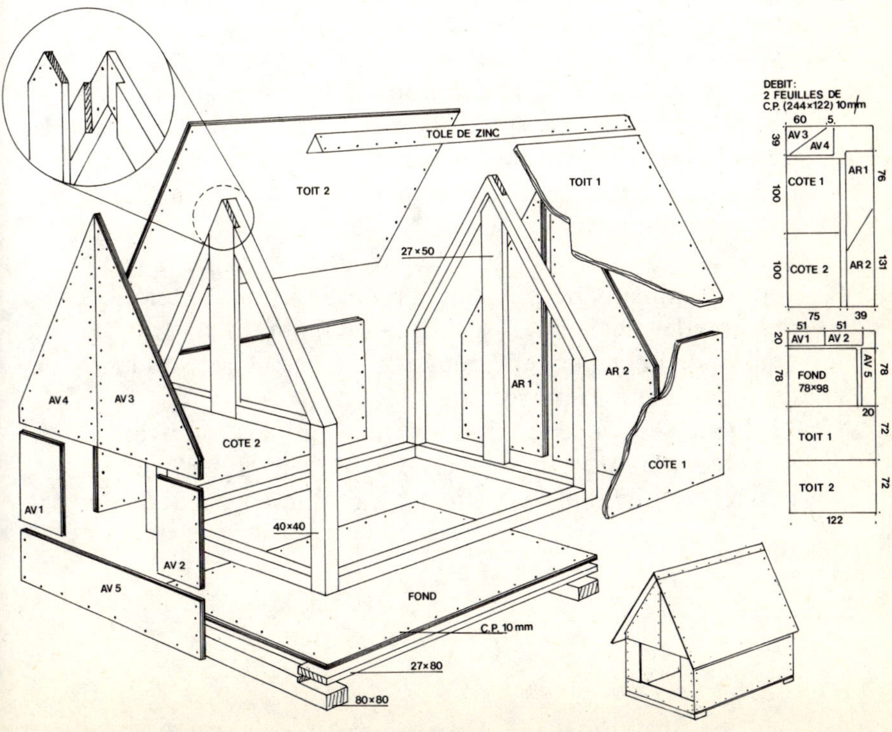

pour l'un ou l'autre modèle de niche. Les Bretons peuvent se satisfaire de la plus petite, dont la hauteur au faîtage mesure 1,04 m, tandis que les autres épagneuls bénéficieront du plus grand modèle (hauteur au faîtage: 1,31 m). Mais, pour être plus tranquille, au cas où vous décideriez de passer du Breton au Français, optez pour le modèle le plus grand.

Les règles de base de la construction d'une niche se résument ainsi: sa hauteur doit permettre au chien de se mettre debout sans difficulté et sa surface doit être suffisante pour qu'il puisse faire facilement demi-tour et s'étendre à son aise. On compte en général, comme largeur de la porte, le double de celle de la croupe du chien. Le matériau de construction peut être, en plus du bois, du fibrociment ou du plastique. Le métal est à éviter, car il est bruyant les jours de pluie et il présente des variations de température trop accusées entre le jour et la nuit. De plus, il favorise la formation de condensation, ce qui est toujours mauvais pour le chien. Pour augmenter la longévité du bois, il est préférable de le traiter, à la créosote par exemple, mais il faut se méfier des émanations qui peuvent intoxiquer le chien. Laissez la niche s'aérer avant d'y placer votre protégé. Orientez-la plein Sud et évitez de la placer... sous une gouttière. Vérifiez régulièrement son isolation et clouez une bonne épaisseur de zinc sur le toit pour prévenir les fuites. Si votre région est ventée, voire même venteuse, tournez la niche de sorte que les vents dominants ne puissent y rentrer. Enfin, en été lors des grandes chaleurs, disposez-la à l'ombre d'un arbre et empêchez la chaleur d'y pénétrer, en accrochant un morceau de tissu à sa porte.

La niche sera placée dans un chenil grillagé dont le sol sera régulièrement nettoyé. Le sable est préférable aux graviers qui irritent les pattes. Un terrain engazonné peut aussi convenir. Le chenil clos n'est pas nécessaire si votre chien a été dressé à respecter les massifs de fleurs et à n'utiliser que les allées du potager. Avant d'aborder le dressage complet de l'épagneul un peu plus loin, voici un petit tuyau pour éviter les fugues hors du jardin. Le premier réflexe d'un propriétaire de chien fugueur est de le punir dès son retour. C'est une grave erreur de psychologie canine, car le chien ne comprend pas la raison de la punition si elle est déplacée dans le temps: il pense qu'il est grondé parce qu'il rentre et non parce qu'il est parti sans son maître. Le résultat: cette punition n'empêchera pas le chien de s'échapper mais l'incitera à revenir en cachette, pour ne pas être corrigé. Alors que faire? Mettons-nous à la place de l'épagneul. Il faut arriver à lui faire comprendre qu'il n'a pas intérêt à sortir seul et qu'il est plus en sécurité, accompagné de son maître. Comment y parvenir? Demandez l'aide d'une personne inconnue du chien. Celle-ci ira se poster à l'endroit d'où sort habituellement le chien lorsqu'il fugue. Dès que l'épagneul sera dehors, votre assistant bondira dessus en lui donnant quelques coups de baguette ou en lui lançant des cailloux. Résultat: votre chien fera aussitôt demi-tour pour rentrer en pleurant vous conter ses malheurs. A vous de le consoler et de le rassurer. Au bout de deux ou trois expériences de ce genre, il est bien rare que le chien ait encore envie de fuguer... puisqu'il est tellement plus en sécurité lorsqu'il est à côté de son maître. Ainsi avec un minimum de moyens, vous aurez retourné la situation à votre avantage.

L'épagneul dans la rue

Depuis que l'automobile a remplacé le cheval dans les villes, les animaux de compagnie sont obligés de partager les trottoirs avec les piétons. Nous avons tous oublié l'époque où Paris comptait 100.000 chevaux intra-muros. En ce temps là, les chiens, les chats et même les poules pouvaient se promener en toute liberté dans les rues. Hélas, le progrès en a voulu autrement: les chiens doivent maintenant être tenus en laisse et apprendre la discipline du caniveau... pour garder les trottoirs propres.

Propriétaires de chiens en général et d'épagneuls en particulier, respectez les quelques règles de bon sens et d'hygiène que nécessite la vie en société: ne laissez jamais votre chien divaguer sans laisse, il pourrait finir ses jours... à la fourrière. Pensez aussi aux accidents qu'il pourrait provoquer sur la voie publique et dont vous seriez responsable devant les tribunaux. Enfin apprenez-lui à ne pas uriner sur les pneus des voitures, l'acidité de l'urine attaque la gomme et peut à longue échéance provoquer l'éclatement du pneu sur autoroute, et à utiliser le caniveau pour "faire sa crotte". Chaque année des personnes âgées se fracturent le col du fémur en glissant sur les trottoirs salis par les chiens. Il existe des petits gadgets très pratiques et peu encombrants pour effacer les traces laissées par un "oubli" de votre chien. Ne tolérez pas dans la rue ce que vous punissez dans votre salon. La rue appartient à tous et les propriétaires de chiens et de chats doivent faire preuve d'autodiscipline avant que le législateur ne soit obligé de les y contraindre.

Un statut du chien citadin... en projet

Depuis que nos amis à quatre pattes ont été chassés du milieu de la rue par les voitures, se posent quotidiennement de nombreux problèmes de cohabitation entre piétons et animaux de compagnie. Ce problème n'a pas échappé aux gouvernements de la Communauté Européenne et, selon les pays, les travaux des législateurs sont plus ou moins avancés. En France, le ministère de l'Agriculture, qui a la responsabilité du cheptel tant productif que de compagnie, est en train de mettre au point un statut de l'animal en ville. Voici, en résumé, la position du gouvernement français sur le phénomène "chien citadin": "Le comportement de certains propriétaires de chiens qui, par snobisme ou par besoin de domination possèdent, dressent et utilisent sans discernement des chiens de grande taille ou dangereux en ville entraîne des réactions de rejet de la part de certains citadins".

On constatera que sont surtout visées par les propos du ministre, les races de chiens de défense qui provoquent chaque année des accidents parfois mortels auprès d'adultes ou d'enfants.

Ce texte prêche, au contraire, en faveur des épagneuls qui sont des chiens calmes et respectueux des enfants.

Quant à la grande taille, les épagneuls et principalement les Bretons ne sont pas trop concernés. Nous pensons d'ailleurs, comme nous l'avons déjà dit, qu'il est préférable de posséder un chien calme de taille moyenne qu'un petit chien surexcité. Mais, plus que sa taille, comptent le dressage de l'animal et la façon dont son maître – homme ou femme – sait résister à ses caprices.

Afin de ne pas déclencher une campagne "anti-chiens" dans votre ville, qui débouchera tôt ou tard sur des lois plus coercitives vis-à-vis de nos amis les bêtes, respectez ces quelques conseils:

– la tenue en laisse est une règle sacro-sainte à suivre pour des raisons de sécurité et de propreté;
– quelle que soit l'heure du jour et de la nuit, les cris de votre chien ne doivent pas troubler votre entourage. La législation sur la protection contre le bruit évolue très rapidement. Certains maires ont récemment interdit

l'utilisation des tondeuses à gazon le samedi et le dimanche matin et peuvent faire mettre, à tout moment, en fourrière un chien qui ne cesse d'aboyer;
- n'entrez jamais avec votre chien dans un magasin d'alimentation, car il peut véhiculer sous ses pattes et dans ses poils des germes pathogènes: toxoplasmose, leptospirose, teigne, tuberculose, etc.;
- attachez votre chien, s'il est trop agressif, lors du passage des préposés des services publics: facteurs, releveurs de compteurs électriques ou à gaz, etc. Seulement en France, 500.000 personnes sont mordues chaque année – soit presque une sur cent – avec des conséquences parfois graves: tétanos, pasteurellose, rage, etc.

En conclusion, l'élevage d'un épagneul en ville nécessite un comportement "civilisé" de l'animal et surtout de son maître. Il s'agira pour lui de s'imposer auprès de son chien comme un adulte responsable et respectueux de l'environnement.

Tant que les maîtres ne seront pas plus propres que leurs chiens, la construction de "vespachiens", de pas canadiens ou de trottoirs-promenade sera une dépense infructueuse. Certains pays, au sens civique sans doute plus développé, ont déjà réussi à intégrer les animaux dans la cité. C'est le cas de la Grande-Bretagne qui a nommé des fonctionnaires municipaux pour renseigner les propriétaires de chiens ou de chats sur leurs droits et leurs devoirs.

A l'image des gardes champêtres et des gardes-chasse, ces agents sont habilités à verbaliser les propriétaires d'animaux "sans-gêne". Espérons qu'ils seront inutiles en France et dans les pays qui sauront s'autodiscipliner.

La reproduction

Même si vous n'êtes pas éleveur professionnel, il est nécessaire que vous ayez quelques notions concernant les mécanismes de la reproduction.
Vous pouvez aussi, si vous possédez une belle chienne, avoir envie de la faire se reproduire, surtout si elle appartient à une race en voie de disparition.
D'où l'importance, pour un éleveur qui est convaincu de l'intérêt de sa race favorite, de bien maîtriser les ficelles de la reproduction.

Quelques notions de génétique

Les lois de la génétique sont longues à percer et il ne suffit pas d'être un bon observateur pour connaître leurs secrets. Le moine Mendel a consacré toute sa vie à croiser des fleurs de pois entre elles. Au bout de ce patient travail, il a réussi à comprendre comment fonctionnait la "loterie de l'hérédité".
Est-ce le hasard, est-ce la nécessité qui gouverne le monde des chromosomes et de leurs gènes? Sans doute les deux, mais il faut se garder de toute conclusion hâtive.
Certains éleveurs d'épagneuls sont tombés dans le piège du finalisme en croyant par exemple que la nature avait

supprimé la queue des chiens pour qu'ils puissent mieux chasser dans les buissons épineux. Ils se trompent, comme ceux qui voient, dans les dessins de l'écorce du melon, la volonté divine de permettre un partage plus facile aux pères de famille...

Ne soyez pas aussi naïfs qu'eux, en pensant qu'il suffit de croiser un champion de travail et une championne de beauté pour obtenir des chiots champions T et B.

En génétique, il ne faut pas confondre les caractères héréditaires qui se transmettent plus ou moins bien dans la descendance et les caractères acquis par le dressage et l'environnement (nourriture, logement, affection, etc.) qui, hélas, ne profitent pas à la génération suivante.

Par contre, les tendances et les dons peuvent être révélés par le dressage. C'est pourquoi, il est plus facile de rendre champion un fils de champions qu'un vulgaire bâtard. Le travail de dressage sera facilité chez un chien possédant un bon arbre généalogique. D'où l'importance du pedigree. Il faut d'ailleurs le consulter à chaque fois que vous pratiquerez un croisement, afin d'éviter la consanguinité. De même que les mariages entre cousins, dans l'espèce humaine, risquent de révéler certaines tares cachées, le croisement entre deux chiens consanguins est à déconseiller.

Il est parfois nécessaire de faire appel à des croisements consanguins, quand les qualités de la race dérivent légèrement par rapport au standard. Maintenant toutes les races d'épagneuls de France sont bien "fixées", il convient de les maintenir dans cet axe, pour éviter de reproduire les erreurs d'antan: épagneuls trop setterisés par exemple.

Toutefois, sans vouloir jouer les avocats du diable, n'oublions pas que l'origine même des épagneuls est le fruit d'une retrempe, due au hasard, avec d'autres races voisines: setters, springers, pointers,... D'ailleurs, il n'est pas

démontré que les chiens "hybrides" ne soient pas plus vigoureux que ceux dits de "race pure".
Chez les végétaux, la "vigueur" des hybrides est bien connue lors de la première génération (appelée F 1). Malheureusement en F 2, les choses commencent à se gâter, car les descendants de la première génération ont des qualités très hétérogènes.
En résumé, il est important de comprendre le principe de fonctionnement de la génétique et de l'hérédité avant de se lancer dans des croisements hasardeux dignes des apprentis-sorciers...

L'accouplement

La tradition veut que cet acte, qui débute le cycle de la reproduction (on l'appelle aussi saillie), se réalise chez le propriétaire du mâle. La saillie ne doit pas être pratiquée sur des chiennes de moins de deux ans. On conseille d'attendre que la chienne ait eu trois ou quatre périodes de chaleur, avant de la mettre en présence d'un mâle. D'une part, parce que les premières ovulations risquent de ne pas donner de chiots très viables, d'autre part, pour attendre que le squelette de la lice se soit bien calcifié. Le cycle des chiennes est facile à comprendre puisqu'il comporte une ovulation tous les six mois, sans interruption jusqu'à leur mort (contrairement à d'autres mammifères, les lices ne connaissent pas de ménopause).
La femelle n'est donc fécondable que deux fois par an, pendant seulement 4 jours. Il s'agit de ne pas rater cette plage favorable qui correspond à la période comprise entre le 10e et le 14e jour suivant l'écoulement sanguin (attention, cet écoulement n'est pas à confondre avec des menstrues puisqu'il a lieu avant et non après l'ovulation).

Si la femelle est présentée au mâle pendant cette courte période, qui se renouvelle tous les semestres, elle aura des chances d'être fécondée. Si la rencontre des ovules et des spermatozoïdes n'a pas pu se faire, il sera nécessaire d'attendre le semestre suivant.
On voit donc l'importance de mettre toutes les chances de son côté surtout si on compte vivre de ce commerce.
Pour cela, il est nécessaire de surveiller l'opération et de procéder à son redoublement pour plus de succès. La durée de l'acte est d'environ 20 minutes et il ne faut pas essayer de séparer les deux partenaires. Le renouvellement de la saillie se réalisera au bout de 24 heures. Prenez garde, pendant la saillie, aux chiennes qui refusent le mâle et se battent avec lui. Dans ce cas, il est vivement conseillé d'arrêter la présentation pour éviter les morsures et de la renouveler quelques jours plus tard. C'est en général ce qui se passe avec de jeunes lices qui n'ont jamais été pleines. Les lices qui ont déjà eu des chiots, se laissent saillir plus facilement.
Après la saillie, il faut enfermer la femelle jusqu'à la fin de sa période fertile, sinon elle pourrait être couverte par des chiens en goguette et donner naissance à une portée moitié race pure, moitié bâtarde[1]. Si malgré vos précautions, la chienne a rencontré un bâtard, pratiquez un avortement (à l'aide d'œstradiol) chez votre vétérinaire.

[1] *L'imprégnation* (fait pour une chienne fécondée par un chien d'une autre race que la sienne de ne donner ensuite que des produits *imprégnés* de cette mésalliance) n'a aucune base scientifique, mais *la superfétation* (fait pour une chienne d'être fécondée par deux mâles différents au cours de la même période de chaleurs et de donner ensuite naissance à une portée mixte) est bien réelle. (Dr. Vét. M. Luquet: *Les chiens de Berger Français*. Ed. De Vecchi).

La gestation

Chez les lices d'épagneuls, comme la plupart des races de chiens, la durée de gestation est d'environ 9 semaines. Ce n'est que 3 semaines avant la mise bas, que les mamelles de la lice commenceront à se développer. A ce stade apparaissent les premiers signes visibles de grossesse: ventre rond par exemple. Un autre signe qui ne trompe pas est le changement de comportement de la femelle. Elle sera moins calme, plus anxieuse et s'affairera à préparer le nid de ses petits. Il est possible, dès 6 semaines de gestation, de connaître le nombre de chiots à naître, en pratiquant un examen radiographique. Nous pensons que cela est inutile, voire dangereux pour les chiots, très sensibles à ce stade aux effets tératogènes des radiations. A moins de vouloir tirer un profit de l'élevage de chiots, il est souvent plus simple de laisser cette question en suspens. La surprise sera encore plus grande, le jour de la naissance. Plutôt que de perdre votre temps à essayer de connaître le nombre de chiots futurs, consacrez vos efforts à soigner la mère. L'alimentation et l'hygiène jouent pour elle un rôle crucial. Doublez sa ration de viande et augmentez l'apport d'aliments riches en calcium: fromage, lait, œufs, etc.
Prendre soin de la future mère ne signifie pas la garder complètement immobilisée à sa niche. Au contraire, elle aura besoin de faire un peu d'exercice pour favoriser l'oxygénation de ses poumons et la circulation de son sang. Mais, de grâce, n'allez pas jusqu'à l'emmener à la chasse.

La mise bas

Appelée aussi parturition en jargon vétérinaire, la mise

bas de la chienne se passe naturellement sans intervention de l'homme. Lorsque vous constaterez que l'inquiétude et l'agitation de la chienne vont en augmentant, installez-la dans un local calme et à mi-ombre. Une fois la lice disposée confortablement sur sa couche que vous aurez rembourrée de paille, attendez tranquillement que la mise bas ait lieu. Dans la nature, il naît tous les jours des mammifères sauvages sans la participation... du S.A.M.U. Ce n'est qu'en cas de blocage prolongé de la mise bas – généralement, les chiots sortent environ à un rythme d'un toutes les demi-heures – qu'il sera nécessaire d'appeler le vétérinaire pour pratiquer une césarienne. Pour faciliter la dilatation du col de l'utérus et rendre la chienne moins nerveuse, certains chasseurs préconisent de lui faire boire des tisanes de feuilles de *Rubes idoeus,* plus connu sous le nom de ronces du Mont Ida ou de framboisiers. Ces feuilles contiennent des tannins et des composés voisins de l'acide salicylique, qui auraient pour propriété de dimi-

Panka et ses petits à l'heure de la tétée

nuer la tension sanguine et nerveuse. Même si elles n'ont pas cet effet, les feuilles de framboisiers ont de nombreuses qualités dont la moins connue est la lutte contre la constipation. Or, ce trouble est un des inconvénients liés à la grossesse...

Dès que les chiots ont été expulsés du ventre de leur mère, celle-ci coupe instinctivement leur cordon ombilical avec ses dents. Si tout se passe bien, comme dans la majorité des cas, vous n'aurez qu'un rôle de spectateur à assurer lors d'une mise bas. Si cette position vous paraît trop inactive, vous pouvez participer en ligaturant les cordons ombilicaux s'ils saignent trop. Mais procédez calmement pour ne pas énerver la mère et ne tripotez pas trop les chiots. Pendant toute la durée de la mise bas – qui peut parfois se prolonger plusieurs heures – éloignez tous les curieux et les autres animaux. Ne vous étonnez pas si la chienne, qui vient de mettre bas, avale le placenta ayant contenu les chiots. C'est un acte purement normal et revivifiant pour ses forces.

Quand la femelle a terminé son travail, laissez-la reprendre souffle quelques heures et apportez-lui à boire. Donnez-lui ensuite ses chiots pour qu'ils puissent téter et veillez à ce que tous aient leur part. Ensuite, la mère et ses petits seront choyés tant au point de vue alimentaire qu'hygiénique. Obligez la mère à faire un peu d'exercice chaque jour pour éviter l'engourdissement.

Règlement international d'élevage de la F.C.I.
(Adopté par l'Assemblée Générale à Berne, en juin 1979)

PRÉAMBULE

1. Les droits et obligations réciproques des propriétaires

ou des possesseurs d'étalons et de lices sont déterminés par le Droit National et les Règlements pris par les Associations d'Elevage et par les Associations Cynologiques Nationales, ainsi que par des conventions particulières. Dans le cas où de telles dispositions n'existeraient pas, c'est le Règlement International d'Elevage de la F.C.I. qui est applicable.
Il est recommandé, de façon pressante, aux éleveurs, propriétaires ou possesseurs d'étalon, de déterminer, par écrit, les conditions dans lesquelles se fera la saillie, afin de créer une situation claire en ce qui concerne les obligations financières. Le Règlement d'Elevage de la F.C.I. doit être applicable pour tous les cas qui ne sont pas réglés par le Droit ou les Règlements d'Elevage Nationaux.

Transport et frais d'entretien de la lice

2. Il est recommandé aux propriétaires de lice d'amener la chienne à saillir auprès du mâle, soit personnellement, soit par une tierce personne. Dans le cas où une chienne demeurerait plusieurs jours chez le possesseur de l'étalon, tous les frais en résultant tels que: alimentation, hébergement, soins vétérinaires éventuellement, ainsi que les dommages que la chienne viendrait à provoquer à l'installation d'élevage ou à l'habitation du possesseur de l'étalon, sont à charge du propriétaire de la chienne. Le transport de retour de la chienne s'effectue aux frais de son propriétaire.

Responsabilité

3. En conformité avec les dispositions légales ayant cours dans différents pays, est responsable des dommages pouvant être causés par l'animal, la personne qui au moment

du dommage, assure l'hébergement et les soins de l'animal.
Dans le cas où la chienne demeure un ou plusieurs jours sous la surveillance du possesseur de l'étalon, ce dernier est considéré, de par la loi, comme la personne assumant la garde de l'animal et de ce fait, est responsable des dommages que la chienne pourrait occasionner à des tierces personnes.
La personne assumant la garde de l'étalon, doit tenir compte de ce qui précède, lors de la conclusion d'un contrat d'assurance personnel en Responsabilité Civile.

Décès de la chienne

4. Dans le cas où la chienne viendrait à décéder pendant son séjour chez le possesseur de l'étalon, ce dernier s'oblige, à ses frais, à faire constater le décès et sa cause par un médecin vétérinaire. Il informe, de la manière la plus rapide possible, le propriétaire de la chienne, du décès et de sa cause.
Dans le cas où le propriétaire désirerait voir la chienne décédée, il ne peut s'y refuser.
Dans le cas où le décès serait occasionné par la faute du possesseur de l'étalon, ce dernier est tenu à présentation de dommages et intérêts envers le propriétaire de la chienne.
Dans le cas où aucune faute ne peut lui être reprochée, il appartient au propriétaire de la chienne de rembourser au possesseur de l'étalon tous les frais en corrélation avec le décès de la chienne.

Choix de l'étalon

5. Le possesseur de l'étalon s'oblige à ne faire saillir la lice que par l'étalon prévu, à l'exclusion de tout autre.

Dans le cas où l'étalon ne procéderait pas à la saillie, la lice ne peut être mise en rapport avec un autre étalon qu'avec l'accord du propriétaire.
De toute façon, il est interdit de laisser saillir une lice par deux ou plusieurs étalons pendant ses mêmes chaleurs.

Saillie erronée

6. Dans le cas où il y aurait accidentellement, mais non intentionnellement, une saillie par un étalon autre que celui convenu, le possesseur de l'étalon qui a pris la lice sous sa garde est obligé de rembourser au propriétaire de la lice tous les frais qui auront été occasionnés par cette saillie erronée. Après une saillie non intentionnelle par un étalon autre que celui prévu, il est interdit de procéder à une nouvelle saillie avec l'étalon qui avait été prévu à cet effet. Le propriétaire de l'étalon ne peut en aucun cas, pour une telle saillie prétendre imposer des obligations financières à l'encontre du propriétaire de la lice.

Attestation de saillie

7. Le propriétaire de l'étalon certifie, par la rédaction d'une attestation, de l'exécution correcte de la saillie. Il confirme, en apposant sa signature sur le document, qu'il a été témoin oculaire de la saillie.
Pour le cas où les services tenant le Livre des Origines d'un pays où la portée doit être enregistrée prévoient certains formulaires spéciaux, il appartient au propriétaire de la lice de se les procurer, de les remplir correctement et de les présenter à la signature du possesseur de l'étalon.
Cette attestation de saillie doit contenir obligatoirement les renseignements suivants:

a) nom et numéro d'inscription au Livre des Origines de l'étalon;
b) nom et numéro d'inscription au Livre des Origines de la lice;
c) nom et adresse du possesseur de l'étalon;
d) nom et adresse du propriétaire de la lice au moment de la saillie, éventuellement, la date d'acquisition de la lice;
e) lieu et date de la saillie;
f) signature du possesseur de l'étalon et du propriétaire de la chienne;
g) dans le cas où les services tenant le Livre des Origines exigent pour l'inscription des chiots, une photocopie certifiée conforme ou extrait certifié conforme du pedigree, il appartient au possesseur de l'étalon de remettre à titre gratuit ces documents, à la disposition du propriétaire de la lice.

Dédommagement pour la saillie

8. Il est recommandé au possesseur de l'étalon, de ne signer l'attestation de saillie qu'après paiement du prix préalablement fixé pour la saillie.
Une rétention de la lice en tant que gage n'est toutefois pas permise.
9. Si l'étalon dont il a été convenu ne procède pas à la saillie, pour quelle que raison que ce soit ou parce que la lice ne se laisse pas saillir, faisant que la saillie n'a pas été effectivement exécutée, le possesseur de l'étalon n'en garde pas moins le droit aux dédommagements prévus à l'article 2, mais ne peut prétendre au prix convenu pour la saillie.
10. Pour ce qui concerne la descendance de l'étalon, le possesseur de l'étalon n'a pas droit, vis-a-vis du proprié-

taire de la lice, à des dédommagements autres que ceux prévus pour la saillie.
Il n'a aucun droit de se faire remettre un chiot, sauf si le propriétaire de l'étalon désire en garder un pour son propre élevage, sous condition de ne pas le vendre.
Lorsque les parties se sont mises d'accord pour la remise d'un chiot en tant qu'indemnité pour la saillie, cet accord doit alors être formulé par écrit et avant la saillie. Les points suivants doivent être précisés et respectés:

a) le moment du choix du chiot par le propriétaire de l'étalon;
b) le moment de la remise du chiot au possesseur de l'étalon;
c) le moment à partir duquel le droit au choix par le possesseur de l'étalon est irrévocablement prescrit;
d) le moment à partir duquel le droit de prise est irrévocablement prescrit;
e) le règlement des frais de transport;
f) les accords spéciaux pour le cas où la lice ne met bas que des chiots mort-nés ou qu'un seul chiot vivant, ou pour le cas où le chiot choisi viendrait à décéder avant la remise.

La lice demeure vide

11. Après une saillie exécutée correctement, on considère que l'étalon a satisfait à ses obligations, et que les conditions pour avoir droit au dédommagement convenu sont remplies.
Elles ne constituent pas une garantie quant au fait que la lice soit pleine. Il est laissé à l'appréciation du propriétaire de l'étalon, lorsque la lice demeure vide, soit d'accorder à une prochaine chaleur de cette dernière une nouvelle saillie à titre gratuit, soit de rembourser une partie de l'in-

Arrêt sur caille - *Photo L. Barbier*

Document O.N.C. - J-Y Boisson

demnité obtenue pour la saillie, dans le contrat de saillie. Le droit convenu à une saillie gratuite s'éteint toutefois, en principe, au décès de l'étalon ou lors du changement de possesseur de ce dernier ou avec le décès de la lice.

Insémination artificielle

12. En cas d'insémination artificielle de la lice, le Docteur-Vétérinaire qui a recueilli le sperme de l'étalon doit certifier, à l'aide d'une attestation à remettre au service tenant le Livre des Origines où les chiots doivent être enregistrés, que le sperme émane bien de l'étalon dont il a été convenu. Par ailleurs, les attestations prévues à l'article 7 (a à g) doivent être mises à la disposition du propriétaire de la lice par le possesseur de l'étalon, et à titre gratuit.
Tous les frais encourus pour recueillir le sperme sont à la charge du propriétaire de la lice. Les frais relatifs à l'insémination sont également à la charge du propriétaire de la lice. Le Docteur-Vétérinaire qui procède à l'insémination de la lice doit confirmer auprès des Services tenant le Livre des Origines, que la lice a bien été inséminée à l'aide du sperme provenant de l'étalon prévu pour la saillie. Dans cette attestation, il convient de faire figurer également, le lieu et la date de l'insémination, le nom et le numéro d'inscription au Livre des Origines de la lice, ainsi que le nom et l'adresse du propriétaire de la lice.
Le propriétaire de l'étalon fournissant le sperme doit délivrer au propriétaire de la lice, en plus de l'attestation fournie par le Docteur-Vétérinaire, une attestation officielle de saillie.

Cession du droit d'élevage

13. On considère, de manière générale, que le proprié-

taire de la lice, au moment de la saillie, est l'éleveur de toute la portée.
Le droit à l'utilisation de la portée d'une lice ou d'un étalon peut toutefois être transféré, par un accord contractuel, à une tierce personne.
Un tel transfert doit, dans tous les cas, être attesté par écrit, avant la saillie projetée. Une telle cession du droit d'élevage constatée par écrit doit être déclarée à temps au service compétent du Livre des Origines, et éventuellement, à l'association d'élevage compétente pour cette race. Elle doit être jointe à la déclaration de la portée.
Il convient de décrire très exactement dans la cession du droit d'élevage les droits et obligations des deux parties contractantes.
La tierce personne, qui prend temporairement le droit d'élevage d'une lice, est considérée comme le propriétaire de celle-ci, au sens du présent règlement, pour une période allant de la saillie jusqu'au moment du sevrage.

Inscription des chiots au Livre des Origines

14. Sauf dispositions contraires, on considère que le nouveau propriétaire, lors d'une vente d'une chienne pleine, est automatiquement l'éleveur de la portée à venir. Les chiots sont inscrits au Livre des Origines du pays dans lequel le propriétaire de la lice a sa résidence habituelle, et portent son Affixe.
15. Les chiots sont inscrits, en principe, au Livre des Origines du pays où le propriétaire de la lice a sa residence habituelle.
En cas de contestation, il doit obligatoirement produire une attestation de l'autorité tenant le registre des domiciles (résidences habituelles).
Des exceptions sont tolérées pour les éleveurs de chiens

de race vivant dans un pays ne tenant aucun Livre d'Elevage reconnu par la F.C.I.
Il est laissé à l'appréciation de ce dernier, de procéder à l'inscription des chiots dans un Livre d'Elevage reconnu.

Les règlements d'élevage des pays membres

16. Les Règlements d'Elevage des Pays Membres ne peuvent contenir de dispositions qui seraient en contradiction avec le présent Règlement d'Elevage de la F.C.I.

Dispositions finales

17. Ce règlement remplace la "Coutume Internationale d'Elevage de Monaco" de l'année 1934.
En cas de divergence d'interprétation, le texte allemand est déterminant.
Adopté à l'Assemblée Générale de la F.C.I. des 11 et 12 juin 1979 à Berne (Suisse).

L'alimentation

L'alimentation de la chienne avant et après la mise bas

RÉGIME D'UNE FEMELLE GESTANTE
(ration journalière à répartir en 3 repas)

Protéines

viande: 600 g.
œuf: un.

Glucides et féculents

Riz: 125 g.
Légumes frais: 150 g.

Lipides

Beurre: 20 g.
Fromage blanc: 100 g.
Huile de soja: 20 g.

Vitamines

Levure de bière: 2 cuillerées à soupe.

RÉGIME D'UNE FEMELLE ALLAITANTE
(ration quotidienne; portée de 4 chiots)

Protéines

Viande: 1.000 g.

Glucides et féculents

Riz: 500 g.
Légumes frais: 100 g.

Lipides

Beurre: 50 g.
Fromage blanc: 100 g.
Huile de soja: 50 g.

Vitamines

Levure de bière: 5 cuillerées à soupe.

L'alimentation des jeunes

Les chiots, qui viennent de naître, passent la majeure partie de leur temps à dormir. Ils ne se réveillent que pour téter. Pour cela, ils se dirigent d'instinct vers les mamelles de leur mère, car leur yeux restent clos pendant une quinzaine de jours.
La mère ne doit pas être alimentée en nourriture solide, durant les deux jours suivant la mise bas, pour éviter une montée de lait trop importante. En effet, les prélèvements effectués par les tétées sont, au début, très modestes.

Ensuite l'alimentation de la mère sera plus riche car de celle-ci dépendra la vigueur des jeunes: viande crue, laitages, riz et calcium (poudre d'os).
Attention: les doses de calcium fixées par votre vétérinaire ne doivent pas être dépassées sous peine de provoquer des crises nerveuses. Le premier lait donné par la mère est appelé "colostrum". Il joue un rôle très important pour la santé future des chiots car il contient de nombreux "anticorps" qui les immuniseront contre les microbes. Pour s'assurer que tous les chiots têtent normalement, il suffit de les peser chaque jour. Leur augmentation journalière de poids est d'environ 10% par rapport à celui de la naissance. Ainsi, au bout de 8 à 10 jours, ils auront doublé de poids. Mais il ne faut pas vouloir à tout prix arriver à ce résultat dans les temps. Ce n'est qu'une moyenne. Il peut arriver qu'un chiot ait un peu de retard dans sa prise de poids. C'est ce qui se produit quand le chiot est atteint d'entérite (inflammation des intestins).
Pour guérir cette diarrhée, on mettra le chiot à la diète pendant un jour. Parallèlement, on supprimera les causes de ce dérangement intestinal au niveau de la nourriture de la mère (meilleure hygiène et apport d'un léger antiseptique intestinal). Si la diarrhée se prolonge plusieurs jours, on n'hésitera pas à consulter le vétérinaire.

Supplémentation du lait maternel

Parfois, il arrive que la mère n'ait pas assez de lait pour nourrir sa portée. Il faut alors faire appel à un complément lactique (lait de vache, lait de chienne en poudre, etc.).
Se rappeler toutefois que la composition du lait de vache est plus riche en lipide que celui de la chienne. Pour le rééquilibrer, il est nécessaire d'ajouter un œuf par 100 g

de lait. Une formule plus élaborée a été mise au point par le docteur Ferrando: il s'agit de fabriquer "un lait artificiel de chienne" en diluant dans 1 litre d'eau, 150 g de poudre de lait entier + 125 g de poudre de lait écrémé et 50 g de poudre d'œufs. On ajoute encore 10 g de levure de bière, 10 g de compléments vitaminiques et minéraux, 1 g de lactose et 1 g de phosphate et de calcium. Avant de donner à l'aide d'un biberon ce lait artificiel, il est nécessaire de le réchauffer à 39°C.

Ce lait artificiel sera donné à raison de 8 tétées par jour: la première semaine, la ration ne dépassera pas 60 millilitres, elle sera doublée les deuxième, troisième et quatrième semaines pour atteindre 150 millilitres au bout de huit semaines. Vers la fin de la troisième semaine, quand les chiots commencent à voir bien clair, le biberon sera remplacé par un récipient (assiette, bol, etc.). Après une courte période d'apprentissage, ils sauront laper le lait sans peine. Veillez toujours à la propreté des récipients

Panka surveillant le repas de sa portée de 13 chiots

pour éviter toute contamination suspecte de germes pouvant entraîner des troubles intestinaux.

Le sevrage

Qu'ils aient été élevés au lait de leur mère ou à l'aide d'un lait de supplémentation, les chiots seront sevrés vers l'âge de 50 jours. En réalité, le passage de l'alimentation liquide à l'alimentation solide peut, selon les individus, se réaliser dans une période comprise entre l'âge de 40 jours et celui de 60 jours. Certains éleveurs donnent même des bouillies (Blédine, Maïzéna, etc.) à des chiots d'un mois pour les habituer progressivement à être séparés de leur mère. Pour arrêter la production de lait de cette dernière, il est parfois nécessaire de faire appel à diverses astuces. Certains éleveurs conseillent d'incorporer à la pâtée de la mère quelques brins de persil hachés. Cette plante aromatique a des propriétés "coupe-lait" connues depuis fort longtemps, puisque certains chasseurs en attachaient un bouquet, au collier de leur lice, pour accélérer l'arrêt de lactation. D'autres propriétaires d'épagneuls ont remarqué que les feuilles de luzerne recouvertes de rosée pouvaient avoir le même effet. Ils conseillent de sortir les chiennes au lever du jour dans des luzernières. Si vous n'êtes pas assez courageux pour vous lever au chant du coq, vous pourrez essayer un autre truc qui demande moins d'effort: le cataplasme au blanc d'Espagne. La recette en est simple: un pain de blanc d'Espagne broyé et dilué dans un bol de vinaigre (le calcaire du blanc d'Espagne va donner du "lait" de chaux et du gaz carbonique). Attendre que le gaz se soit complètement volatilisé pour appliquer ce "lait" sur les mamelles de la chienne. Pour maintenir en place le cataplasme, un bandage est nécessaire.

Un autre remède de “bonne femme” (de fame = renommée) est basé sur le principe que le “lait chasse le lait”. Il suffit de remplacer progressivement la viande par du lait dans l’alimentation de la mère pour que celle-ci voit ses mamelles se tarir.
Mais pendant que nous parlons de la mère, les chiots pleurent car ils ont faim. N’ayant plus de lait à leur donner, qu’allons-nous leur proposer à la place? L’alimentation des chiots, en cours de sevrage, doit habituer progressivement leur estomac à digérer des aliments de plus en plus solides. Une période transitoire remplacera le lait par des bouillies de flocons de céréales et de lait.
Petit à petit, le nombre de repas quotidiens sera progressivement réduit. Les huit tétées journalières seront remplacées par quatre repas, puis trois et enfin deux comme les adultes. Les chiots âgés de cinq semaines seront nourris de bouillies et ce n’est qu’à partir de l’âge de six semaines que les premiers apports de viande pourront être faits. Le nombre de repas quotidiens à cet âge est de trois, la viande n’étant donnée qu’au repas de midi et du soir. La quantité de viande sera ensuite progressivement augmentée: 100 g après l’âge de trois mois, 150 g quand ils auront fait leurs dents vers l’âge de cinq mois, 300 g à partir d’un an. Cette quantité sera portée jusqu’à 500 g en période de chasse.
La ration quotidienne sera légèrement modulée pour les différents épagneuls: les Bretons, qui ne pèsent pas plus de 15 kg au stade adulte, ont évidemment besoin de moins de calories que les Français qui peuvent atteindre 25 kg. Comptez environ 300 calories par kg et par jour jusqu’à l’âge de 1 mois, 200 calories jusqu’à l’âge de 6 mois et 75 calories ensuite. Pour ne pas vous tromper dans le calcul des rations, recopiez le tableau suivant et affichez-le dans le local où vous préparerez les repas de votre épagneul.

100 g de viande	= 165 calories
100 g de légumes verts cuits	= 200 calories
100 g de riz cuit	= 350 calories
100 g de beurre	= 750 calories
100 g de fromage blanc	= 136 calories

Mais pour nourrir votre chien, il ne suffit pas de lui donner une certaine somme de calories par jour, il faut aussi que cet apport calorique soit équilibré: 40% des calories doivent provenir de la viande, 30% du riz, 25% des légumes et 5% des lipides.

Besoins quotidiens en calories des épagneuls bretons

Age	**Calories par kg**		**Poids moyen**		**Besoins quotidiens**
1 mois	300	×	1 kg	=	300 cal.
3 mois	200	×	5 kg	=	1.000 cal.
5 mois	200	×	10 kg	=	2.000 cal.
20 mois (en appartement)	75	×	13,3 kg	=	1.000 cal.
20 mois (à la chasse)	113	×	13,3 kg	=	1.500 cal.

Besoins quotidiens en calories des épagneuls picards et Bleu de Picardie

Age	**Calories par kg**		**Poids moyen**		**Besoins quotidiens**
1 mois	300	×	1	=	300 cal.
3 mois	200	×	8	=	1.600 cal.
5 mois	200	×	14	=	2.800 cal.
20 mois (en appartement)	75	×	20	=	1.500 cal.
20 mois (à la chasse)	113	×	20	=	2.260 cal.

BESOINS QUOTIDIENS EN CALORIES DES ÉPAGNEULS FRANÇAIS ET DE PONT-AUDEMER

Age	Calories par kg		Poids moyen		Besoins quotidiens
1 mois	300	×	1	=	300 cal.
3 mois	200	×	10	=	2.000 cal.
5 mois	200	×	16	=	3.200 cal.
20 mois (en appartement)	75	×	25	=	1.875 cal.
20 mois (à la chasse)	113	×	25	=	2.825 cal.

En résumé

De la naissance à la troisième semaine, les chiots se nourrissent exclusivement du lait de la mère ou d'un lait de substitution.
Entre 21 et 28 jours, ils peuvent commencer à manger un peu de viande hachée (une ration quotidienne de la taille d'une noix). De la cinquième à la septième semaine, le nombre de calories augmente, grâce à l'apport d'un œuf et d'un litre de lait de vache tous les deux jours. Parallèlement, la noix de viande fait boule de neige et devient 3 cuillerées à soupe matin et soir. Enfin, le lait maternel étant définitivement supprimé à partir de la huitième semaine, les bouillies prennent le relais (100 g de lait + biscottes brisées + flocons de céréales + 1/2 jaune d'œuf) pour le repas du matin. Quant aux repas de midi et du soir, ils sont plus copieux en viande, riz et légumes.

Repas de midi (âge: 8 semaines)

Riz cuit à l'eau et égoutté: 10 g.
Viande de bœuf crue: 25 g.
Légumes verts bouillis et égouttés: 80 g.

Repas du soir (âge: 8 semaines)

Riz[1] cuit à l'eau et égoutté: 10 g.
Viande de bœuf crue: 25 g.

De l'huile de foie de morue sera administrée, à raison d'une cuillerée à café deux fois par semaine, pour jouer un rôle préventif vis-à-vis des maladies. Un apport de vitamines, sous forme pharmaceutique est également nécessaire surtout lorsque les aliments proviennent de conserves. La boisson doit toujours être donnée à volonté, en qualité et en quantité suffisantes. Les éleveurs, qui utilisent un apport d'aliments secs, auront intérêt à être encore plus généreux en boisson, s'ils ne veulent pas que leurs chiens souffrent de problèmes rénaux: calculs, néphrites, etc.

L'alimentation des adultes

Arrivé au stade adulte, l'épagneul a besoin d'une nourriture riche et équilibrée. Plus il devra se dépenser à l'extérieur, plus sa ration alimentaire sera riche en calories. Un chien dépense 3 à 4 fois plus d'énergie calorique à la chasse qu'un même chien sédentaire. Attention à ne pas tomber dans l'erreur inverse qui consisterait à nourrir un épagneul d'appartement comme un épagneul au travail. Le résultat serait, comme pour l'être humain sédentaire et trop nourri, l'apparition d'une obésité et des risques qu'elle entraîne: maladies de cœur, essouflement, néphrite, diabète, etc.

[1] Le riz peut être remplacé, un repas sur deux, par des flocons de céréales.

Intéressons-nous pour l'instant aux chiens en bon état de santé et désireux de le rester. L'aliment de base des épagneuls est la viande crue. Leurs ancêtres, les loups et les chacals, ne consommaient jamais de viande cuite et ne s'en portaient pas plus mal.

Il faut savoir que si la cuisson a un effet favorable en tuant les parasites contenus dans la viande, elle détruit également des substances très utiles comme la vitamine B par exemple. Un épagneul breton adulte, pesant 15 kg, a besoin de 200 g de viande rouge par jour.

Quant à l'épagneul français et à celui de Pont-Audemer, leur ration journalière de viande doit être de 330 g. Ces valeurs sont des rations moyennes qui doivent être augmentées pour des animaux plus forts et en période de travail de chasse.

Quant à la qualité de la viande, la seule contrainte est sa fraîcheur et peu importe le type de morceau choisi (rumsteack ou macreuse, bavette ou collier) pourvu qu'il représente au moins 40% de la ration totale. Le reste étant constitué de 30% de riz, 25% de légumes verts et 5% d'aliments divers: levure, huile, vitamines. Certaines viandes sont toutefois plus riches que d'autres en protéines et matières azotées. Ce ne sont pas toujours les plus grasses qui sont les plus riches en protéines. Les protéines apportent au chien les acides aminés (lysine, méthionine, cystine, etc.) nécessaires à la division cellulaire de ses organes et à leur croissance. Les lipides et les glucides sont riches en calories assimilables.

La quantité de protéines doit correspondre à 18% de l'alimentation en matière sèche d'un épagneul adulte et doit être comprise entre 19 et 32% pour un jeune en croissance. Quant à l'alimentation de la femelle en période de gestation ou de lactation, le taux de protéines ne doit pas

descendre en dessous de 22% de matière sèche totale ingérée.
Autant que la quantité des protéines consommée, compte leur origine. Il ne suffit pas de donner 18% de protéines à votre épagneul pour qu'il se porte bien, il faut lui offrir plusieurs sortes d'aliments riches en acides aminés. Il est coutumier de croire que la viande est la seule source de protéines et d'acides aminés. Certains diététiciens disent "1 kg de viande renferme 200 g de protéines". Or tout dépend du type de viande choisie car il y a parfois plus de protéines dans un aliment végétal que dans un aliment animal. Ainsi les bas morceaux habituellement donnés par le boucher comme "viande pour chien" (tendon, collagène, gélatine, etc.) sont moins riches en acides aminés qu'un plat de haricots de soja jaune.
Sans pour autant prôner une nourriture totalement végétarienne, il est bon de remplacer de temps en temps la sacro-sainte viande par un plat végétal, ne serait-ce que pour nettoyer les impuretés dues à une trop grande consommation de viande (cholestérol, urée, etc.) qui colmatent les artères.
Voici, à titre de comparaison, les taux de protéines de divers aliments d'origine animale ou végétale. Attention! Ils sont classés dans l'ordre croissant de leur richesse en calories.

Taux en protéines

Poulet:	22%	Mouton:	18%
Poissons maigres:	21%	Fromages maigres:	20%
Cheval:	21%	Porc:	17%
Bœuf:	20%	Fromages gras:	25%
Poissons gras:	19%	Œuf:	6%
Gigot:	18%	Beurre:	1%

Calories (pour 100 g)

Pomme de terre:	90	Mouton:	260
Dinde:	120	Camembert:	300
Poulet:	130	Jambon:	330
Cheval:	130	Riz:	340
Pâtes:	150	Gouda:	400
Œuf:	160	Sucre:	400
Bœuf:	170	Beurre:	800
Thon, sardine, etc.:	180	Huile:	900
Gigot:	230		

Plus que la quantité, compte la diversité des aliments donnés. Mieux vaut varier les sources de protéines, lipides et glucides que de donner tous les jours des abats et du pain. Ce dernier est trop riche en amidon, nutriment qui est mal assimilé par les chiens.
Trop d'amateurs élèvent encore leur compagnon comme du temps de Louis XV, c'est-à-dire à base de céréales cuites à l'eau, de pain et de tripailles.
Ils semblent oublier que la diététique canine a fait d'énormes progrès ces dernières années. Les produits commercialisés de nos jours, qu'ils soient secs ou humides, sont aussi bien contrôlés que les petits pots pour bébés. L'emploi des restes du repas familial pour nourrir son chien est la façon la plus sûre de l'exposer à une vie raccourcie, par carence ou obésité. D'ailleurs de moins en moins d'amis des chiens procèdent ainsi.
Seulement un quart des propriétaires de chiens ne prépare pas de repas pour ceux-ci et leur donne des restes. La moitié des cynophiles achète des aliments préparés et le quart restant prépare lui-même les repas de son chien.
Il est vrai, que le principal frein, est d'ordre économique. En réalité, les chiffres suivants devraient donner à réflé-

chir et modifier certains comportements faussement économiques: si l'on compare les frais de nourriture d'un épagneul breton de 15 kg, on constate que les repas préparés à la maison reviennent à 1.500 F par an (Franc 1983) tandis que l'équivalence en aliments complets humides coûterait 1.375 F par an et en aliments complets secs ... 475 F par an.

A titre d'exemple extrême, un régime "tout viande" pour le même chien nécessiterait une dépense annuelle de 4.000 F.

La conclusion de cette enquête est que, comme toujours, la vérité est au milieu.

Autant il est dangereux de ne nourrir son épagneul que de viande ou d'aliments secs, autant il est préférable de mixer chaque type d'aliments: nourriture maison, humide et sèche. L'excès de viande, nous l'avons dit plus haut, peut entraîner dès l'âge de 7 ans des crises d'urémie (dépôts d'urée dans le sang) et réduire la durée de vie de moitié. Quant à l'aliment sec, s'il n'est pas accompagné d'eau en abondance (au moins 2 litres d'eau par jour), il peut provoquer des calculs rénaux.

L'eau a une grande importance, même avec des aliments riches en humidité comme les conserves (70%), les viandes (60% d'eau) et les légumes (80%). Elle doit être fournie en qualité, c'est-à-dire fraîche et souvent renouvelée, comme en quantité suffisante: d'1/2 litre par jour, pour un épagneul breton en appartement jusqu'à 3 ou 4 litres pour un épagneul français les jours de chasse.

L'eau comme l'aliment seront, de préférence, fournis après la chasse plutôt qu'avant. Dernier point important: la nourriture ne saurait être complète sans calcium, vitamines et oligo-éléments. Le calcium joue un grand rôle dans la formation des os et dans la prévention de certains troubles (ostéoporose, rachitisme, etc.). On le trouve en premier lieu dans le lait, mais on peut aussi, sur conseil du vétérinaire, l'apporter sous forme de phosphate tricalcique. D'autres minéraux ont aussi leur importance pour la santé du chien: le sodium, le phosphore et le magnésium.

Il est conseillé de respecter l'équilibre suivant entre ces minéraux: 1% de calcium, 1% de phosphore, 0,5% de magnésium et 2% de sodium (Na Cl).

Les vitamines également doivent figurer, même à faible dose, dans la nourriture de votre épagneul pour éviter les carences. Il faut se rappeler qu'elles sont souvent détruites par la cuisson. D'où l'intérêt des aliments crus plutôt que cuits. Les principales vitamines nécessaires à votre chien (comme à vous-même mais en d'autres quantités) sont la vitamine A pour la vue, la vitamine B_1 pour les nerfs, les vitamines B_2 et PP pour l'énergie, la vitamine B_6 pour la digestion des viandes, la vitamine D pour les os et la vitamine E pour la fertilité.

Les oligo-éléments sont, comme leur nom l'indique, des éléments nécessaires à la vie, à très faible dose (oligo = très peu). Comme ils sont très difficiles à doser, on les oublie souvent. D'où des carences collectives souvent inexpliquées dans les chenils d'éleveurs professionnels.

Elles se trouvent dans de nombreux aliments d'origine végétale et animale (voir tableau “Les sources de vitamines”) mais certains produits en sont très riches: levure, huile de foie de morue, etc.

Attention cependant à ne pas abuser de cette dernière qui peut être nocive à la longue (trop d'huile de foie de morue risque de déclencher des boiteries et même un cancer du foie chez le chien). Pour éviter ces effets secondaires n'en donnez jamais plus de deux cuillerées à café par semaine.

Les principaux oligo-éléments nécessaires dans l'alimentation des épagneuls sont: le fer, le zinc et le cuivre. Le premier joue un rôle dans le sang, en transportant l'oxy-

LES SOURCES DE VITAMINES

Vitamine	Produits animaux	Produits végétaux
A	Jaune d'œuf Crème du lait Foie de morue	Légumes verts Epinards
B_1	Lait Viandes Poissons	Levure de bière Pommes de terre
B_2	Lait Viandes Œufs Fromages	Levure de bière Légumes secs Salade
B_6	Lait Abats Viandes Œufs	Levure de bière Germe de blé Cresson
PP	Lait Abats Viandes Œufs	Levure de bière Germe de blé Cresson
D	Foie de morue	—
E	Foie de boucherie Lait Œufs Fromage Beurre	Huiles Pomme de terre Riz Légumes verts

gène. Son absence entraîne de l'anémie et une dépigmentation de la robe et de la truffe.
Le second facilite l'assimilation des protéines et des glucides grâce à l'insuline. Sa carence se traduit par un pelage terne et de l'eczéma.
Le dernier donne un "coup de main" au fer et régularise le fonctionnement de la glande thyroïde, comme l'iode qui est un autre oligo-élément. Il existe encore d'autres oligo-

éléments importants pour la bonne santé des épagneuls comme le manganèse (pour l'hypophyse) et le cobalt (pour l'hémoglobine). Le tableau suivant indique quels sont les aliments riches en oligo-éléments minéraux.

LES SOURCES D'OLIGO-ÉLÉMENTS

Oligo-éléments	**Produits animaux**	**Produits végétaux**
Fer	Foie de boucherie Viandes Jaune d'œuf	Levure de bière Poudre d'algues Epinards Farine de soja
Zinc	Hareng Œufs Anguille	Germe de blé Légumes secs Flocons d'avoine
Cuivre	Abats	Légumes secs
Iode	Hareng	Poudre d'algues

Hygiène, maladies et traitements

L'hygiène et la toilette de l'épagneul

Nous l'avons déjà précisé au cours d'autres chapitres, la première leçon à apprendre à votre épagneul concerne l'acquisition des réflexes de propreté. Pour cela, vous devrez sortir votre chien chaque fois qu'il en manifestera l'envie. En l'habituant à utiliser toujours le même emplacement pour faire ses besoins, vous arriverez rapidement à obtenir de bons résultats. N'attendez pas la dernière minute pour sortir un jeune chiot qui le demande...

Deuxième habitude à lui donner: le goût des bains[1]. Vous pourrez commencer à baigner le chiot dès l'âge de six mois. Au début, procédez avec calme pour ne pas affoler l'animal, lors de sa première expérience de l'eau. Mais n'abusez pas de ces baignades qui, sauf pour les chiots de Pont-Audemer, ne sont pas toujours très profitables. Selon que votre épagneul vit en ville ou à la campagne, la fréquence de ses bains sera d'un par mois à un... par an. Une précaution à prendre, lors des bains des jeunes chiens: la température de la pièce doit être d'environ 19°. Si elle est plus basse, les effets bénéfiques du bain pour-

[1] Les bains sont souvent indispensables au retour de la chasse, c'est pourquoi il faut que votre épagneul ne les envisage pas avec trop d'anxiété.

raient se transformer en causes de maladies (bronchite, sinusite, etc.).
Plus important que le bain est la pratique du toilettage. Elle consiste à brosser les poils du chien, à l'aide d'une brosse de crin, pour démêler les épis et retirer les parasites externes. La fréquence du brossage peut aller d'une fois par semaine à une fois par mois, selon la disponibilité des maîtres. Laissez les brossages quotidiens aux maîtres désœuvrés car ils sont moins profitables aux chiens qu'aux... toiletteurs. En période de mue, il est utile d'employer une étrille pour enlever les poils qui tombent. Profitez-en pour donner un traitement insecticide et vermicide à votre épagneul.
Ces quelques précautions d'hygiène et de toilettage respectées, si votre chien est logé dans un local sain, il ne devrait jamais tomber malade. Un chien en bonne santé se remarque par la clarté de ses yeux. Si en visitant votre épagneul un matin, vous lui trouvez l'œil terne, prenez sa température rectale ou palpez sa truffe. Une température de plus de 38°6 et une truffe chaude sont les indices du début d'une infection. Mais avant de vous précipiter sur la boîte d'antibiotiques, rappelez-vous que la fièvre n'est pas une maladie à combattre, c'est seulement le signe que le corps réagit aux microbes. Il faut parfois attendre un ou deux jours pour que la fièvre s'en aille: le corps a réussi à éliminer, tout seul, les microbes. Si la température persiste au-delà de cette durée, appelez le vétérinaire. Un autre indice qui ne trompe guère est l'état des selles. Des selles dures trahissent un état de constipation tandis que des selles liquides sont le signe d'une diarrhée. En dehors des causes purement alimentaires (diarrhées dues à un excès de pain ou de viande pas fraîche, constipation liée à une alimentation trop riche en os), ces symptômes peuvent aussi signaler une infection pathogène. Des virus pro-

voquent ce type de troubles, mais également des parasites intestinaux. Si la diarrhée est bénigne, elle peut se soigner en mettant le chien à la diète pendant deux jours et en lui donnant seulement de l'eau de riz à boire. Si ce traitement n'améliore pas l'état général, consultez votre vétérinaire.
Quant à la constipation, nous avons déjà vu dans le chapitre sur la gestation, qu'elle pouvait être très fréquente chez la chienne gravide. Un régime laxatif – à base de foie, de pruneaux et de levure de bière – suffit souvent à la résorber. Par contre, si elle se prolonge trop longtemps, il peut s'agir d'une occlusion intestinale.
Si un lavement à l'huile ne rétablit pas le transit intestinal, une opération chirurgicale peut être nécessaire. N'attendez pas, en cas de constipation chronique et rebelle, pour consulter le praticien.

Les principales maladies

Nous venons de parler des troubles bénins qu'il ne faut pas sous-estimer. Voici maintenant quatre maladies plus graves, que peuvent contracter tous les chiens: il s'agit de la maladie de Carré qui concerne surtout les jeunes chiots, de la leptospirose, de l'hépatite virale infectieuse et de la rage. Heureusement, il existe des vaccins, contre ces maladies, qui sont une bonne prévention. On pratique deux injections, dès l'âge de deux mois, à trois semaines d'intervalle et elles sont suivies d'un rappel l'année suivante. Assurez-vous, lors de votre achat, que le chiot a bien été vacciné, en consultant son carnet de santé.

La maladie de Carré

Symptômes. Atteignant principalement les chiots, elle se

traduit par trois types de symptômes: nerveux, respiratoires et digestifs. La forme nerveuse est la plus grave. Elle se manifeste par des crises de nerf, ressemblant à une méningite, qui se terminent parfois par la mort. La forme respiratoire s'accompagne de crises de toux qui sont souvent alternées avec des diarrhées.
Les symptômes de la forme digestive peuvent aller jusqu'à une aboulie (perte totale de l'appétit) entraînant amaigrissement et déshydratation. Ces trois formes de la maladie s'accompagnent parfois d'une hyperkératose (durcissement) de la truffe et des coussinets des pattes.

Causes. La maladie de Carré est due à un virus très grave et contagieux. Au début du siècle, alors que les vaccins et les sérums n'étaient pas encore connus, de nombreux chiots en mouraient chaque jour...

Remèdes. Il n'existe pratiquement pas de remèdes efficaces curativement, les meilleures précautions à prendre étant préventives, par la vaccination des chiots. Les anticorps de la mère vaccinée protègent les chiots pendant les premières semaines après leur naissance, mais n'attendez pas trop pour les faire vacciner.

La leptospirose

Symptômes. Comme dans le cas de la maladie de Carré, on constate une perte d'appétit et l'apparition de diarrhée mais le chien ne tousse pas et ses muqueuses sont colorées de jaune. Parfois l'animal reste prostré dans un coin sans bouger car il souffre de douleurs rénales et abdominales. Elles peuvent provoquer des vomissements.

Causes. La leptospirose, appelée aussi pseudo-thyphus,

est provoquée par une bactérie. Véhiculée par les urines, elle se transmet plus rapidement chez les mâles (lorsqu'ils lèvent la patte sur de l'urine contaminée).

Remèdes. Contagieuse et parfois mortelle, cette maladie peut être prévenue par la vaccination. Il est habituel de regrouper les vaccins anti-maladie de Carré et anti-leptospirose en une seule injection. N'attendez pas que les symptômes de jaunisse apparaissent pour appeler le vétérinaire. Les chiens non vaccinés peuvent être traités aux antibiotiques, mais le succès dépend de la rapidité du diagnostic.

L'hépatite virale infectieuse (maladie de Rubarth)

Symptômes. Ils peuvent être confondus avec la maladie précédente. Ils se traduisent généralement par une aboulie, une hausse de température et des vomissements. Une diarrhée est également observée mais, contrairement aux maladies précédentes, elle est souvent accompagnée de sang. Un autre signe spécifique est une soif intense. Par contre, comme dans la maladie de Carré, les chiens atteints d'hépatite infectieuse souffrent du foie, ce qui se traduit par un jaunissement des muqueuses. D'autres douleurs peuvent se manifester au niveau de l'abdomen, à la suite de crampes d'estomac. Un dernier symptôme à ne pas négliger: la cornée des yeux se colore parfois de reflets bleus. Mais arrivé à ce degré de gravité, le vétérinaire aurait déjà dû être prévenu depuis longtemps...

Causes. Comme la leptospirose, la maladie de Rubarth est due à une bactérie qui se transmet par les urines. Elle vise plus particulièrement les mâles que les femelles, à cause de leur pratique consistant à uriner souvent pour marquer les limites de leur territoire. Les jeunes chiots âgés de moins d'un an sont les plus touchés.

Remèdes. Contre cette maladie, la meilleure lutte est encore la prévention. Par la vaccination, vous éviterez de déranger le vétérinaire à chaque diarrhée de votre chien. Toutefois, si votre épagneul a contracté cette bactérie avant d'être protégé par le vaccin, il est possible de l'enrayer curativement avec un complexe d'antibiotiques et de vitamines.

La rage

Symptômes. Cette maladie qui se propage au pas de course en Europe est très dangereuse, voire mortelle, pour les mammifères et l'homme. Elle présente des symptômes très typiques: après une période d'incubation de quelques semaines, le chien mordu par un autre animal enragé se met à baver sans arrêt et à mordre à son tour tous les objets et les gens de son entourage.

Causes. Cette maladie virale qui provoque des ravages en Belgique, au Luxembourg, en Suisse et en Italie est apparue en Pologne en 1935. Ce virus est véhiculé par les renards mais aussi, ce qui est plus difficile à contrôler, par les insectes et les acariens.

Remèdes. Un animal enragé est condamné à l'euthanasie afin d'éviter qu'il ne contamine d'autres mammifères et que sa fin ne soit très douloureuse. La vaccination est le seul remède possible mais il faut y penser avant que votre épagneul ne contracte ce terrible fléau. Dans certains départements touchés par cette épidémie – Ile-de-France et départements limitrophes –, la vaccination des chiens contre la rage est obligatoire. Consultez votre mairie ou votre préfecture pour savoir si vous êtes dans la zone touchée par cette maladie. N'attendez pas pour vous mettre en règle avec la loi, sinon votre chien pourrait être abattu s'il mord quelqu'un...

Les maladies infectieuses

De nombreuses autres maladies, tant infectieuses que parasitaires, sont susceptibles d'atteindre votre chien. Mais nous ne transformerons pas ce chapitre en cours de médecine vétérinaire. Les études qui conduisent au diplôme de médecin des animaux sont longues et durent près de 10 ans. Il n'est donc pas question de résumer cet enseignement en quelques lignes. Le mieux est de profiter du bagage de connaissances accumulées par cet homme de l'art vétérinaire.
En ville, comme à la campagne, il est toujours très sollicité, de jour comme de nuit. N'en abusez pas trop et ne le dérangez pas à tout bout de champ, si vous voulez qu'il soit aussi votre ami et, pourquoi pas, votre compagnon de chasse.
Afin de bien orienter son pré-diagnostic, qui se passe souvent par téléphone, voici les symptômes des maladies les plus fréquentes.

Abcès

Symptômes. Le chien se gratte souvent l'arrière train et "fait de la luge" sur le sol. Ces congestions anales peuvent donner les mêmes symptômes qu'une parasitose interne.

Anémie

Symptômes. Due à des causes diverses (mauvaise alimentation, parasites, etc.) l'anémie se traduit par une coloration plus pâle des muqueuses et une grande faiblesse, Le chien se déplace sans vigueur et peut même refuser de bouger. En cas d'atteinte du foie, des symptômes semblables à ceux de l'hépatite peuvent apparaître.

Blocage urinaire

Symptômes. Se traduisant par l'absence d'urine, ce trouble peut être dû à une occlusion de l'urètre par des calculs. Il faut appeler le vétérinaire de toute urgence, car la vessie peut éclater.

Constipation

Symptômes. Souvent lié à une alimentation trop riche en fibres végétales et en os, ce trouble du transit intestinal doit être pris au sérieux s'il persiste après un régime laxatif. Il peut s'agir alors d'une occlusion intestinale due à un caillou ou un morceau de bois avalé par le chien.

Dermatites

Symptômes. Se manifestant par des démangeaisons au niveau de la peau, elles peuvent être causées par de nombreux agents: bactéries, coups de soleil, etc.

Diarrhée

Symptômes. Rien n'est plus facile à diagnostiquer qu'une

diarrhée et pourtant rien n'est plus ambigu et trompeur. En effet, il existe de multiples maladies infectieuses et parasitaires qui se traduisent par ce symptôme: virus, bactéries, ankylostomes, etc. De plus, il ne faut jamais éloigner les raisons purement toxicologiques, comme l'ingestion de viande avariée ou de pesticide.

Eclampsie

Symptômes. Touchant uniquement les femelles allaitantes, cette maladie, nommée également "fièvre de lait", se manifeste par une assez forte fièvre conduisant parfois au coma.
Si elle est détectée à temps, l'éclampsie qui n'est pas vraiment une maladie mais plutôt une carence (en calcium) guérit rapidement.

Leucémie

Symptômes. Cette maladie, à l'issue généralement fatale, est provoquée par un développement cancéreux des globules blancs du sang. De nombreux symptômes apparaissent – diarrhée ou constipation, difficultés à respirer et à se nourrir, affaiblissement, etc. – mais le plus typique est la dilatation des ganglions.

Maladies du myocarde

Symptômes. Ces maladies cardiaques se traduisent par les même symptômes que chez l'homme: essoufflement, fatigue, vertiges, etc. Elles sont parfois héréditaires. Dans ce cas, elles se manifestent parfois chez les très jeunes chiots.

Maladies rénales

Symptômes. Appelée aussi néphrites, ces troubles sont révélés par des mictions très fréquentes, aux urines foncées ou teintées de sang. Qu'elles soient d'origine infectieuse ou toxique, les néphrites sont à soigner d'urgence, avant la crise d'urémie mortelle.

Parvovirose

Symptômes. Présentant des symptômes voisins de la leucopénie, la parvovirose se traduit par une perte d'appétit accompagnée de vomissements et de diarrhées. Elle évolue rapidement vers la mort si elle n'est pas traitée.

Maladies parasitaires (externes)

Gale

Symptômes et lutte. Due à trois sortes d'acariens microscopiques ressemblant à des crabes, la gale peut se localiser surtout au niveau des oreilles, des yeux ou de la peau. Les symptômes communs sont des démangeaisons. Toutes les gales n'ont pas la même gravité: la gale sarcoptique, due au *Sarcoptes scrabiei,* est aussi très contagieuse pour l'homme. Elle se manifeste par un prurit au niveau des coudes et des cuisses du chien. Quant aux autres formes, moins graves, elles se traduisent par des sécrétions au niveau des oreilles et la chute des poils autour des yeux. Des frictions et des instillations d'acaricide et d'huile minérale sont efficaces. Les bains sulfureux accompagnés du savonnage tiède à l'aide de solutions d'huile de cade et de baume du Pérou seraient bénéfiques.

Poux et puces

Symptômes et lutte. Ces démangeaisons, en général localisées sur le dos et aux plis de la tête, ne doivent pas être confondues avec celles provoquées par les aoûtats (petits acariens rouges qui attaquent le ventre et les cuisses car ils viennent de l'herbe des champs et des gazons). Les puces et les poux se manifestent plutôt l'été et les aoûtats en automne. Difficiles à détecter car elles sautent dès que l'on s'approche d'elles, les puces trahissent leur présence par des excréments noirs. Les poux ne sautent pas, mais se font remarquer par leurs pontes blanches (lentes), en forme de goutte d'eau, fixées à la base des poils. La lutte contre les puces et les poux ne doit pas être sous-estimée, en effet, ils peuvent véhiculer de nombreuses maladies et parasites (peste, microténia, etc.) sans parler des allergies qu'ils déclenchent. Les traitements insecticides devront être renouvelés toutes les semaines, car ils ne détruisent pas les œufs. Or, il suffit d'une seule puce survivante pour qu'éclosent au bout de 5 jours ... 500 nouvelles puces! Renseignez-vous auprès de votre vétérinaire pour connaître les produits les plus efficaces. Si vous êtes écologistes, et refusez l'emploi des pesticides chimiques, vous pouvez essayer les plantes: mettez, dans la niche, une litière de feuilles de menthe et d'aulne. Les copeaux de sapin ont aussi la réputation de chasser ces parasites. Sur le chien, vous pouvez passer une huile à base de tanaisie ou de pyrèthre et si vous êtes fumeur une décoction de tabac.

Teignes

Symptômes et lutte. Se traduisant par la chute des poils sur une surface circulaire, la teigne est due à un champignon microscopique, le *Trichophyton* qui attaque d'abord la tête, puis tout le corps. Aucune démangeaison n'est constatée. Cette mycose est contagieuse pour l'homme. Attention: si elle n'est pas soignée, elle peut rester contagieuse plusieurs années de suite. La lutte se fait à l'aide de produits anti-mycosiques.

Tiques

Symptômes et lutte. Ces acariens, appelés encore ixodes, sucent le sang du chien. Seules les femelles d'ixodes parasitent les chiens (comme seules les femelles de moustiques piquent l'homme) car elles ont besoin de sang pour pondre. Elles profitent du passage d'un chien dans l'herbe pour s'accrocher à lui. Bien que la ponction de sang, en elle-même, ne soit pas dangereuse, les tiques sont à détruire car ces acariens peuvent inoculer dans le sang un dangereux parasite. Ce microscopique protozoaire fait éclater les cellules du sang et donne des urines teintées de sang. Ce symptôme dit des "urines couleur Porto" est en fait le révélateur de la "piroplasmose". S'accompagnant de fortes fièvres, cette maladie peut se transmettre aux embryons si la chienne est pleine et provoquer des malformations à la naissance. Enfin , si elle n'est pas soignée à temps, elle peut être contagieuse pour l'homme. Le meilleur remède consiste à détruire les tiques, dès leur détection, au moment de la toilette du chien. Le port d'un collier anti-tique est conseillé bien que son efficacité soit variable. Avant d'arracher les tiques, endormez-les à l'aide d'un coton imbibé d'éther, sinon ils laisseraient leur rostre dans la chair du chien, ce qui pourrait provoquer une infection ou laisser la porte ouverte au tétanos. Remarque: la vaccination contre le tétanos est vivement conseillée pour votre épagneul, comme pour vous (chaque année, en France, une centaine de personnes meurent des suites du tétanos).

Maladies parasitaires (internes)

Ankylostome

Symptômes et lutte. Passant dans le lait de la mère, ces minuscules vers peuvent contaminer ses petits. Ils provoquent des diarrhées sanguinolentes et entraînent de l'anémie, désignée autrefois sous le nom d'"anémie des meutes de chiens". L'attaque de la muqueuse intestinale, si elle n'est pas soignée à temps, peut aller jusqu'à la mort. On utilisera contre ces vers parasites, après identification par analyse des selles, un produit spécifique. On désinfectera le sol contaminé à l'aide d'eau fortement salée (150 g/l) ou d'une solution de formol.

Ascaris

Symptômes et lutte. Les infestations de ces vers ronds se signalent par divers symptômes. Au début de leur cycle, ils se développent dans les poumons et déclenchent des toux rebelles. Ensuite, ils migrent vers l'estomac et l'intestin et provoquent vomissements et diarrhées. Les jeunes chiots peuvent être atteints par les ascaris de leur mère, d'où l'intérêt de leur administrer un vermifuge dès le sevrage. On conseille de donner également une purge (huile de ricin) et un vermifuge à la mère. Ce traitement doit être renouvelé tous les 15 jours pour détruire les œufs (kystes). Attention: les ascaris des chiens et des chats peuvent se propager chez l'homme et le rendre aveugle!

COCCIDIE

Symptômes et lutte. Ce protozoaire, qui infecte également les animaux de la basse-cour, se manifeste par une diarrhée et un affaiblissement des épagneuls. Il est le plus souvent observé chez les chiots.
A l'aide d'un microscope, il est possible d'identifier s'il s'agit bien d'une coccidiose. A l'œil nu, comme cela est impossible, il est préférable de se fier aux symptômes apparents. Pour ne pas confondre cette parasitose avec une maladie infectieuse présentant les mêmes symptômes, il suffit de se rappeler que les coccidies sont nocives chez le chiot du stade 30 jours au stade 120 jours. Ensuite, elles disparaissent spontanément.

FILAIRE

Symptômes et lutte. Ce ver, qui vit surtout dans les eaux des pays chauds, entre par la bouche du chien et va droit au cœur où il s'enkyste. Il peut être également inoculé par la piqûre d'un moustique. Ce parasite qui est heureusement relativement rare en Europe est difficile à éliminer une fois installé dans le muscle cardiaque. Il est parfois possible de sauver le chien en pratiquant une opération à cœur ouvert.

LESHMANIOSE

Symptômes et lutte. Comme le parasite précédent, ce protozoaire a pour vecteur les moustiques des pays tropicaux et circum-méditerranéens. Appelé également "lèpre de la Riviera", il donne comme symptômes des troubles internes au niveau des viscères et des manifestations cutanées (dartres, eczémas, ulcères, etc.). En consultant votre vétérinaire, après un voyage dans un de ces pays, n'oubliez pas de lui signaler que vous avez emmené votre chien à l'étranger. Cela facilitera son diagnostic et il saura quel produit injecter pour détruire ce parasite exotique.

Ténia

Symptômes et lutte. Contrairement aux ascaris qui sont de petits vers ronds, les ténias sont longs et plats. Plus connu sous le nom de "ver solitaire" puisqu'un seul ver peut occuper tout l'intestin, le ténia engendre une perte d'appétit accompagnée de diarrhée. Il se transmet souvent par l'intermédiaire des puces avalées par le chien.
Seul un produit vermicide est capable d'en arriver à bout. Une meilleure hygiène alimentaire et une toilette soignée sont utiles préventivement. Certaines viandes (lapin, porc, bœuf) mal cuites, peuvent contenir des œufs de ténias. Attention: ne laissez jamais un enfant embrasser votre chien si vous ne voulez pas qu'il avale des œufs de ténia. Chez l'homme, le développement des kystes de ce ver solitaire au niveau du foie et des intestins peut se terminer par la mort. Les lavements à base d'ail et de lait sont efficaces préventivement pour le chien comme pour son maître.

Trichuris

Symptômes et lutte. Se manifestant par des diarrhées sanguinolentes qui alternent avec des crampes intestinales, ces vers de la forme d'un fouet se rencontrent surtout en ville. Leurs œufs sont résistants plusieurs années, même en dehors d'un hôte. Comme méthode de lutte, il faut désinfecter le sol contaminé par les œufs, à l'eau de javel ou à l'eau bicarbonatée, et donner un vermifuge spécifique au chien. Renouvelez la désinfection du terrain plusieurs mois de suite.

Les soins d'urgence

Il arrive que l'on soit, pour une raison ou une autre, trop éloigné d'un téléphone pour appeler le vétérinaire. En gardant son sang-froid, il est possible de faire "les gestes qui sauvent".
Mais, il suffit parfois de réfléchir aux conséquences d'actes imprudents pour éviter le pire.
C'est pourtant ce qui se passe encore trop souvent, lorsqu'un chien est enfermé dans un coffre de voiture garée en pleine chaleur. Même à l'intérieur de l'habitacle, s'il reste toutes vitres fermées, le chien peut rapidement manquer d'air. Si vous avez la fâcheuse habitude d'être lent pour faire vos courses, achetez-vous un antivol électronique et laissez votre épagneul chez vous. Cela vous coûtera certainement moins cher...

Coup de chaleur

Si votre épagneul est victime d'un malaise à la suite d'une longue station dans une voiture, arrosez-le d'eau froide pour le ranimer. Une fois qu'il aura repris ses esprits, faites-lui boire un peu de café et conduisez-le d'urgence chez le vétérinaire.

Intoxication

De nombreux produits utilisés au jardin et à la maison

sont responsables chaque année d'intoxications d'enfants comme de chiens: médicaments, produits phytosanitaires, raticides, peinture, etc. En cas d'empoisonnement, commencez par faire vomir votre chien en lui faisant boire de l'eau savonneuse et salée. Si vous connaissez la nature du produit, demandez au Centre antipoison de vous indiquer un antidote. Sinon donnez-lui vite cet antidote polyvalent qui aura pour effet de pomper le poison: charbon activé ou biscottes grillées et lait de magnésie dilué dans de l'eau. Attention: ne faites jamais vomir un chien qui a avalé un produit corrosif (acide, soude, pétrole).

Mal d'automobile

Les chiens qui n'ont pas été habitués progressivement à parcourir de longues distances en voiture sont souvent pris de nausées. Evitez de faire voyager votre épagneul aussitôt après son repas. Donnez-lui avant le départ un cachet conseillé par le vétérinaire. Arrêtez-vous souvent, pour le faire descendre et respirer l'air du dehors car, s'il passe la tête par la fenêtre pendant le voyage, il risquera une conjonctivite.

Morsures et piqûres

Lors d'une sortie de chasse, votre épagneul peut être mordu par une vipère ou piqué par des guêpes, des abeilles ou des frelons. Ayez toujours sur vous une dose de sérum anti-venimeux et une seringue. Après avoir placé un garrot entre la partie mordue et le cœur, injectez du sérum tout autour de la blessure. Si vous avez une glacière, mettez un peu de glace sur la plaie. Vous pouvez aussi sucer le venin mais, gare à vous si votre bouche ou votre langue ont de petites écorchures, vous risquez d'être atteint par

les effets du poison: des convulsions et des vomissements accompagnés d'une coloration bleuâtre de la peau en sont les signes.
Contre les piqûres d'insectes, vous pouvez faire appel à l'homéopathie. C'est une médecine peu encombrante et très efficace. Les esprits rétrogrades pensent que son action est nulle et qu'elle soigne par auto-suggestion (effet placébo). Comment expliquent-ils alors qu'elle puisse guérir les animaux...?
Contre les piqûres d'abeilles, donnez des granules ou une dose d'Apis mellifica 4 CH; contre les piqûres de guêpes: Vespa 4 CH; contre les piqûres des chenilles processionnaires: Euproctis 4 CH + Dolichos 4 CH.

Quel symptôme – Quelle maladie?

Maladies	**Symptômes**
Coup de chaleur	Coma Respiration difficile
Eczéma	Démangeaisons
Fièvre de lait	Convulsions Fatigue Fièvre Tremblements nerveux
Hépatite infectieuse	Aboulie Diarrhées Fièvre Ictère Soif intense
Intoxication	Difficultés à avaler Vomissements
Leptospirose	Aboulie Fièvre Ictère Vomissements

Maladies	**Symptômes**
Maladie de Carré	Aboulie Diarrhées Fièvre Miction perturbée Toux Tremblements nerveux Vomissements
Maux cardiaques	Respiration difficile
Néphrite	Miction perturbée
Occlusions	Aboulie Constipation
Parasites internes	Diarrhées
Parasites externes	Amaigrissement Démangeaisons
Rage	Amaigrissement Convulsions Difficultés à avaler
Teigne	Perte des poils

L'élixir du bon chasseur

Voici un remède que les chasseurs se transmettent de père en fils. Il a pour effet, mélangé à l'eau de boisson, de fortifier les jeunes chiots et de les purger des parasites intestinaux:
– teinture d'aloès: 40 g;
– teinture d'angélique: 20 g;
– teinture de badiane: 15 g;
– teinture de colombo: 15 g;
– teinture d'écorce de grenadier: 10 g.
Mélangez quelques gouttes de cet élixir dans du lait au son. D'après les vieux chasseurs qui nous l'ont transmis,

ce remède miracle aurait même pour effet "de guérir la danse de Saint-Guy et l'épilepsie".
A vous de juger...

Tableau des vaccinations

MALADIE DE CARRÉ ET HÉPATHIE DE RUBARTH

A partir de 2 mois.
Primo-vaccination: 2 injections à 1 mois d'intervalle.
Rappel: 1 an plus tard.
Ensuite, rappels tous les deux ans.

LEPTOSPIROSE

A partir de 2 mois.
Primo-vaccination: 2 injections à 15/21 jours d'intervalle.
Rappels: tous les 6 mois (si possible).

RAGE

A partir de 3 mois.
Obligatoire au passage des frontières et dans certains départements.
Primo-vaccination: 2 injections à 15 jours d'intervalle au moins et 30 jours au plus.
Rappels: annuels.

GASTRO-ENTÉRITE À PARVOVIRUS

A partir de 7 semaines.
Primo-vaccination: 2 injections à 15 jours d'intervalle.
Rappels: annuels.

Le dressage

Les épagneuls, comme la plupart des chiens d'arrêt, ont une part de comportement instinctif et une autre de comportement acquis par l'éducation et le dressage.
Certaines attitudes de travail, comme l'arrêt, ne sont pas naturelles chez les épagneuls; le dressage a pour rôle de réorienter certaines impulsions innées.
La grande difficulté du dressage réside dans le fait que la psychologie canine n'est pas identique à la psychologie humaine. Pour bien dresser un chien, il est essentiel de savoir "se mettre dans sa peau". L'erreur que commettent trop souvent les amateurs de chien est qu'ils oublient que ces derniers n'ont pas le même objectif qu'eux. Pour communiquer, il faut être deux: le maître (émetteur) et le chien (récepteur). Le message, pour être bien reçu, doit être bien émis. Souvent, certains ordres ne sont pas compris par les chiens uniquement parce qu'ils ont été mal donnés. C'est le début du cercle vicieux: refus d'obéissance – punitions à contretemps. Si un bon dresseur ne reprend pas la situation en main, le chien est définitivement "braqué" contre son maître. Nous nous souvenons d'un jeune dresseur trop impatient, ne sachant pas se faire respecter à la voix, qui était constamment obligé de frapper son chien. Ce dernier avait compris la faiblesse de caractère de son maître et ne manquait jamais une occa-

sion de le contrarier. Ainsi, alors qu'il arrêtait très bien le gibier pour les autres chasseurs, il ressentait un malin plaisir à faire s'échapper toutes les pièces que le malheureux aurait voulu tirer. Cette anecdote montre que parfois "ce n'est pas le chien mais son maître qui aurait besoin d'un bon dressage". C'est souvent ce qui se passe avec les propriétaires d'épagneuls bretons vivant en appartement. Ils ne sortent pas régulièrement leur chien et s'étonnent qu'il devienne cabochard. En réalité, cet entêtement, qui se traduit par le refus d'obéir lorsqu'ils sont dehors, est plutôt une saine réaction. Etant constamment enfermés, ces chiens, qui sont naturellement faits pour se dépenser à la chasse, veulent rattraper le temps perdu. Ne les blâmons pas! La faute est à rejeter sur leur maître qui en homo sapiens égoïste de nature, a voulu se faire plaisir en s'offrant un chien sans se soucier des réels besoins de ce dernier.

Ces deux exemples pour rappeler "qu'on a le chien que l'on mérite" et que le dicton "tel père, tel fils" peut s'appliquer à nos amis de la gent canine: "tel maître, tel chien".

Le dressage peut révéler les qualités d'un chien mais ne peut pas supprimer les conséquences des mauvaises conditions d'élevage qu'il subit.

Ce qu'il ne faut pas faire

Certains maîtres d'épagneuls, confondant dressage et domptage, voudraient faire de leur animal, un "chien savant", obéissant au doigt et à l'œil. Ils ne sont jamais satisfaits de la docilité de leur chien et sèment le trouble dans les forêts et les plaines, à grands coups de sifflet.

Nous considérons qu'ils sont autant à plaindre que leur

Mousse, épagneul breton mâle Trialer - 3 C.A.C. - 2 C.A.C.I.T.

pauvre chien car leurs complexes d'infériorité sont plus évidents que leurs dons de dresseurs. Si vous n'êtes pas patient ou que vous manquez de temps, ne vous improvisez pas dresseur, faites seulement un rapide pré-dressage ou débourrage.

Votre chien aura plus intérêt à être pris en main par un dresseur professionnel. Certains sont même spécialisés en épagneuls, chaque race ayant sa psychologie et ses qualités propres. Nous devrions même dire chaque souche. Au sein d'une même portée, on peut rencontrer des chiots de caractère différent: doux, nerveux, craintif, timide, etc. Il

est donc erroné de se dire: “je dresserai mon deuxième épagneul comme j'ai dressé le premier”.
Les dresseurs professionnels savent rapidement s'adapter au chien qu'ils ont en face d'eux, en fonction de son caractère et même de son sexe (les femelles d'épagneuls bretons, plus intelligentes et plus douces que les mâles, ne doivent pas être dressées de la même manière que ceux-ci, plus indépendants). En général, le dresseur néophyte a tendance à vouloir adapter son chien à son propre caractère. C'est la meilleure façon d'aller à l'échec...

Les premières leçons

Le dressage doit débuter très tôt pour donner les meilleurs résultats: l'âge de 9 mois, chez l'épagneul, paraît le plus favorable pour les premières leçons. Mais dès 3 mois, il doit être débourré et savoir rejoindre son maître au rappel.
Si vous êtes à la fois patient, observateur, calme, psychologue et si vous possédez une bonne confiance en vous, le dressage de votre chien peut se faire sans aide extérieure. Par contre, si vous manquez d'une seule de ces qualités (pour ne pas tricher, demandez à votre famille ce qu'elle en pense), n'insistez pas et confiez votre chiot à un professionnel. Même si vous répondez au profil type du bon dresseur, évitez d'aller voir votre chiot les jours où vous êtes énervé. Un dressage réalisé dans le calme et la douceur vous semblera plus long qu'avec la contrainte et la violence, mais portera ses fruits plus longtemps. Bien qu'il ne soit pas possible d'enseigner le dressage par les livres, la lecture des quelques conseils suivants peut vous donner envie d'en apprendre plus auprès d'un spécialiste.
Le premier B.A. BA du dressage consiste à apprendre au

chien l'obéissance. Lorsqu'il saura rejoindre son maître à l'appel de son nom, vous pourrez remplacer cet appel par un coup de sifflet à ultra-son (pour ne pas gêner vos voisins). En même temps que l'obéissance, vous devez apprendre, à votre jeune épagneul, la propreté.

La propreté

Pour habituer votre épagneul à la propreté, il faut commencer très tôt car dès l'âge de 6 mois, il devra avoir acquis ces réflexes.
Les jeunes chiots apprennent très vite à ne pas salir leur panier. Toutefois pour éviter les fuites imprévues, placez-les sur une bonne épaisseur de journaux.
N'hésitez pas, même en ville, à sortir votre chiot trois fois par jour. Si par malheur, il s'était "oublié" dans la maison soyez intransigeant: trempez-lui la truffe dedans en élevant la voix pour le réprimander si vous le prenez sur le fait, sinon abstenez-vous en! car le chien doit pouvoir établir une relation entre la faute et la réprimande. La meilleure méthode consiste à l'emmener dehors dès qu'il fait mine de vouloir satisfaire ses besoins sur vos tapis, ou à l'endroit que vous avez destiné à cet effet.
Au bout de quelques scènes de ce genre, il comprendra très vite qu'il n'a le droit d'uriner que dehors (ou à la rigueur sur une couche de journaux). N'employez jamais la main ni le pied pour punir, vous risquerez de perdre la confiance de votre épagneul. C'est par le jeu que le chien doit acquérir une bonne éducation et non par la violence.
Les récompenses, sucreries et friandises sont utiles au début, mais doivent progressivement être remplacées par des compliments et caresses pour ne pas habituer le chien à n'obéir que dans le but de recevoir une récompense.
Faire plaisir à son maître sera vite la seule motivation.

L'obéissance

Le trop grand décalage entre la faute et la punition est une erreur fréquente chez les dresseurs inexpérimentés, nous l'avons dit plus haut à propos de la propreté. L'épagneul a une très bonne mémoire à long terme mais n'a pas toujours conscience d'avoir fauté. Si vous tapez un chien à son retour d'une fugue, il ne comprendra pas pourquoi. Il associera retour et punition et risquera, au mieux, de sortir en cachette et, au pire, de ne jamais revenir.

Les jeunes épagneuls sont très joueurs. Cela n'est pas préjudiciable à leur sécurité dans un terrain clos ou un appartement. Par contre, dans la rue, ce comportement peut rapidement provoquer un accident. Il importe donc de tenir les chiots en laisse.

La laisse et le collier

Cela peut sembler facile à dire, mais allez faire comprendre son intérêt à un jeune chiot... La plupart des maîtres leur mettent le collier et la laisse sans les y habituer progressivement. Résultat: les chiots sont traînés de force dans la rue et gardent une appréhension vis-à-vis de l'extérieur. Il existe un moyen très simple pour éduquer un chiot au port du collier: éloignez-le de son repas jusqu'à une vingtaine de mètres en le portant dans vos bras. Il rejoindra rapidement son assiette dès que vous le poserez à terre.

Reprenez-le une deuxième fois dans vos bras, mais en lui passant cette fois-ci le collier autour du cou et laissez-le revenir tout seul. Ce n'est qu'au troisième essai que vous lui fixerez la laisse et que vous le retiendrez légèrement dans sa course de retour. Au bout de quelques jours de cet exercice, il aura complètement adopté collier et laisse.

Ensuite vous lui apprendrez à marcher au même pas que vous, en tirant légèrement sur la laisse pour le freiner dans son élan glouton. En vous éloignant chaque jour, un peu plus de son assiette, vous arriverez avec un peu de patience, à lui apprendre à respecter votre vitesse de marche.
Lors de cet exercice, l'emploi de friandises est inutile puisque le repas constitue la récompense finale.
Employez toujours les même mots pour vous faire comprendre: par exemple s'il avance trop vite et vous dépasse, retenez-le en disant: *derrière*.

Assis-debout

Votre chiot connaît l'obéissance, le rappel à son nom, la propreté et la marche en laisse. Il ne vous reste plus qu'à lui enseigner la position *assis* et *debout* pour en faire un chien sociable et capable de vous accompagner en ville (nous verrons dans le chapitre suivant, que cela ne suffit pas pour en faire un bon chien d'arrêt)[1].
Avant de lui apprendre un nouvel exercice, faites-lui réviser à chaque fois les précédents. Inutile de vouloir gagner du temps: l'éducation et le dressage sont comme la germination d'une graine, ils demandent patience... et "chaleur".
Voyons maintenant comment enseigner à votre jeune épagneul les exercices assis-debout. Très faciles à inculquer, ces réflexes serviront d'ailleurs de base pour le dressage en vue de la chasse. La position assise est naturelle chez le chien et il la prend sans y être invité. Par contre ce que vous devez obtenir de votre épagneul est qu'il s'asseoit et se relève seulement après votre ordre verbal ou gestuel.

[1] Voir le chapitre du dressage pour la chasse.

Pour lui faire comprendre le mouvement, à l'aide d'une main, appuyez sur son arrière-train et maintenez-lui la tête droite avec votre autre main. N'oubliez pas de lui répéter l'ordre *assis* en exécutant ce mouvement.Lorsqu'il aura bien assimilé cet exercice, vous le récompenserez par une friandise, par une caresse sur la tête ou par une parole gentille. Au fur et à mesure de ses progrès, vous espacerez le don des friandises pour éviter de créer un faux réflexe conditionné dans sa tête. Sinon, il pensera assis = sucrerie...

Une fois, cet exercice assimilé, apprenez-lui à se relever seulement à votre signal. Vous pouvez crier *stop, debout* ou n'importe quel autre mot, mais ne le changez jamais plus par la suite. Certains dresseurs professionnels arrivent même à se faire comprendre sans prononcer une seule parole: par exemple un coup de talon sur le sol signifie *assis,* un claquement de doigts veut dire *debout,* etc. Si vous voulez employer des gestes, choisissez-en de très simples à réaliser, pour que le chien les comprenne bien et les distingue aisément les uns des autres.

Le dressage pour la chasse pratique

Votre épagneul a maintenant acquis un minimum de notions de base et il est grand temps de l'entraîner à la chasse. C'est en effet sa destination principale et il n'y a qu'à constater la tristesse des épagneuls constamment prisonniers en appartement pour s'en rendre compte. Ces chiens ont un besoin impérieux de se dépenser à l'extérieur et vouloir les contraindre à être des animaux de salon est un acte égoïste et cruel.

Un peu de psychologie...

Quand le débourrage de votre chien aura été réalisé, c'est-à-dire que vous lui aurez appris à connaître son nom (dès deux mois), à marcher en laisse (dès trois mois) et à se mettre assis et debout (dès huit mois), vous pourrez envisager de le dresser pour la chasse.
N'essayez jamais de le dresser au travail avant l'âge d'un an. Si vous le confiez à un dresseur, donnez-lui un animal juste débourré. Mieux vaut un jeune épagneul non dressé à chasser que mal enseigné par un dresseur néophyte. Certains maîtres ne connaissent rien de la psychologie canine et abrutissent leurs chiens en voulant les réduire à de simples mécaniques bien huilées. Ils oublient seule-

ment qu'un chien aime chasser de nature. Leur façon d'agir risque de dégoûter à jamais celui-ci de la chasse.
La force de concentration d'un épagneul n'excède pas 15 minutes par jour, vouloir le faire travailler plus longtemps est aberrant. Le seul résultat sera un épagneul totalement hermétique aux ordres de son maître. Ce qui se traduit par la constatation naïve “mon chien entend mal”. Non, votre chien n'est pas sourd, mais si vous êtes un garde-chiourme, il a bien raison de faire la sourde oreille à vos caprices. Alors, pour ne pas tomber dans ce travers, sachez qu'un épagneul sera bien dressé, s'il sent que son maître a de l'affection pour lui. Il fera même passer l'amour de son maître avant son goût du gibier et il saura freiner ses envies naturelles de courir après tous les lièvres, uniquement pour vous satisfaire.
N'oubliez jamais que la chasse se pratique à deux. Les chasseurs qui se précipitent sur le gibier tiré au lieu de le faire rapporter par leur chien n'ont rien compris à la règle du jeu.
En conclusion, les qualités de votre épagneul seront proportionnelles à votre intelligence, votre patience et votre affection. “A bon chasseur, bon chien”.

... beaucoup de patience...

Les caractères des épagneuls ne sont pas totalement identiques selon qu'ils sont Bretons, Français, Picards ou de Pont-Audemer. Mais en réalité, il peut exister plus de différences entre un Breton timide et un Breton intrépide qu'entre un Picard nerveux et un Pont-Audemer nerveux. C'est pourquoi, les dresseurs professionnels demandent environ une quinzaine de jours d'essai pour connaître votre chien et savoir s'il est dressable ou non. Bien que le

cas se présente rarement, n'insistez pas pour poursuivre le dressage d'un épagneul sans odorat ou trop désobéissant. Bien souvent, ces chiens ont été traumatisés par leurs maîtres impatients de les dresser trop tôt.
Méfiez-vous aussi des soi-disant dresseurs qui se vantent de transformer tout chien en champion de field-trial. La profession de dresseur n'étant réglementée par aucun diplôme, contactez de préférence des dresseurs sérieux et expérimentés. La liste des membres de l'association publiée à la fin de ce chapitre n'est pas exhaustive mais elle offre déjà des garanties. Vous pouvez aussi demander au futur dresseur de votre chien de vous montrer ses références: nombre de chiens champions de trial par exemple. S'il est dresseur de père en fils, c'est aussi un signe de foi en son métier. La durée totale de dressage d'un épagneul varie selon les chiens et ... la disponibilité du dresseur; en moyenne, il faut compter deux mois à raison d'un quart d'heure par jour. Le prix actuel d'une telle période de formation ne dépasse guère le millier de francs. C'est un investissement que vous ne regretterez pas si vous êtes un chasseur passionné et ... si vous choisissez bien votre dresseur. De temps en temps, de petits stages de recyclage pourront être nécessaires pour corriger certaines fautes de chasse pratique. Et si votre chien sort vraiment du lot, pourquoi ne pas le dresser en vue des field-trials (voir règlements plus loin). Vos patients efforts seront ainsi couronnés de gloire. Mais avant d'être l'heureux propriétaire d'un champion de travail, voyons quelles sont les nombreuses étapes à franchir...

... et un zeste de savoir-faire

Les qualités minimales d'un épagneul débourré et destiné

à être dressé en vue de la chasse doivent être l'obéissance à l'ordre et la possession d'un odorat permettant une quête raisonnable.

Sans ces bases, inutile d'insister vous feriez perdre du temps au dresseur et vous gâcheriez les qualités naturelles de votre chien.

Le but du dressage à la chasse consiste simplement à séparer les différentes étapes du comportement naturel du chien, pour que son maître puisse les commander à volonté. En réalité, certains mécanismes que le dresseur cherchera à inculquer au chien vont à l'encontre de ses tendances naturelles. D'où la patience et la ténacité nécessaires pour lui apprendre ces gestes contre nature. Prenons un exemple, le décor: un épagneul non dressé placé sur un terrain giboyeux. L'action: le premier réflexe du chien consistera à se mettre nez face au vent pour humer les odeurs de "chair fraîche". Ensuite, il partira à la quête du gibier, en explorant chaque centimètre de terrain. Se trouvant nez à nez avec sa proie, il s'arrêtera brutalement quelques secondes pour reprendre ses forces – tel le chat ou la panthère – et lui sautera à la gorge.

Autre séquence: le même décor avec cette fois-ci un épagneul dressé et suivi de son maître armé d'un fusil. L'action commence: il se met nez au vent et dès qu'il sent l'odeur du gibier, part en quête.

Ayant un odorat moins développé que les chiens anglais dits "à grande quête", il restera en général à proximité de son maître. Sa quête, dite "sous le fusil", est une attitude quasi-naturelle. Par contre, lorsqu'il lèvera le gibier, il devra réfreiner son envie de le tuer lui-même. Le prolongement de la durée de l'arrêt naturel est un des buts du dressage. De même quand le chasseur tirera des coups de feu, l'attitude naturelle de tout chien consistera à se sauver pour se mettre à l'abri. Savoir maîtriser cette peur est un autre acquis du dressage. Si le chasseur rate le lièvre et que ce dernier s'enfuit, ne pas le poursuivre, pour permettre à son maître de doubler le tir, est aussi un comportement peu naturel obtenu par le dressage. Enfin quand il faudra ramener la pièce abattue à son maître, ne pas la dévorer représente une autre prouesse résultant du patient travail du dresseur. Ces diverses étapes du dressage sont plus vite énumérées que mises dans la tête de nos épagneuls. Nous allons voir comment...

Le "à terre"

Ca y est, votre chien est bien débourré et vous avez envie de l'emmener sur le terrain pour lui apprendre à chasser. Attention, avant de lui confier la clef des champs, vous avez oublié une étape... Si vous ne voulez pas qu'il parte en courant derrière le premier lièvre venu, au risque de se faire écraser sur la route nationale voisine, vous devez lui enseigner un dernier exercice: le *down*.

Cet ordre signifie au chien qu'il doit s'allonger sur le sol et ne plus bouger jusqu'à nouvel ordre (*allez* par exemple). Très pratique également pour immobiliser un chien au moment du coup de fusil, ce signal peut être ordonné différemment selon les chasseurs: *down, à terre, au sol, au pied du maître, couché,* etc. Remarque: nous faisons une distinction entre l'ordre *couché* et le *down*. Dans le premier cas, le chien est appuyé sur une seule de ses cuisses et garde la tête haute tandis que dans le *down,* il s'aplatit de tout son long sur le sol. Nous conseillerons d'ailleurs d'éviter le terme anglais *down* et de le remplacer par *à terre* ou *au sol,* pour ne pas risquer la confusion avec l'ordre *donne* lors du rapport. Voyons maintenant comme s'inculque l'apprentissage du *à terre.*

Ce commandement constitue la base du dressage des épagneuls. Or, il est souvent mal respecté, voire même inconnu. Pour l'enseigner, il suffit pourtant de quelques semaines. Le meilleur moment est celui du repas. Il faut partir de la position *assis*. D'une main, tenez le chien par le rein, de l'autre tirez sur ses pattes avant. Une fois le chien ventre à terre, appuyez lentement sur sa tête jusqu'à ce qu'elle soit collée au sol. Pendant tout ce temps, répétez le mot *terre*. Si le chien se débat, maintenez-le fermement quelques minutes jusqu'à ce qu'il se calme et récompensez-le d'un compliment ou par une friandise. Ceux qui craignent de se faire mordre peuvent utiliser une astuce de

Itou de Hombrurens à M. Cétran - Champion National de Beauté (EF)

dresseur. Attachez une ficelle au collier de votre épagneul et passez-la dans un anneau fixé solidement au sol sous le chien. En tirant lentement sur la ficelle, celui-ci sera obligé de se mettre dans la position *à terre.* Laissez-le ainsi quelques minutes en lui répétant cet ordre. Relâchez progressivement la ficelle jusqu'à ce qu'il reste immobile et récompensez-le. Une fois cet ordre compris, faites tenir la position de plus en plus longuement. L'idéal est de procéder avant un repas pour que le chien fasse le lien entre ce commandement et la récompense de la nourriture. Si vous remarquez des signes de fatigue, donnez un coup de baguette sur le sol, du côté où le chien se repose. Mais n'abusez pas trop longtemps de ces séances pour ne pas vous transformer en tortionnaire dans l'esprit de votre épagneul.

Pour rompre le *down* ou le *à terre,* dites *allez* ou claquez dans vos doigts. Au bout de quelques mois d'exercices, vous pourrez remplacer les ordres parlés par des gestes ou par des coups de sifflet à ultra-son (un coup long = *terre,* deux coups brefs = *allez*). Certains chasseurs préfèrent ordonner *à terre* en levant le bras à l'horizontale, ainsi dès qu'ils lèvent leur arme pour viser le gibier, le chien se met au sol. Ce qui est une bonne mesure de sécurité.

Le dressage d'un épagneul pour la chasse demande souvent plus de psychologie canine qu'humaine. En effet, il faut savoir se mettre dans la peau du chien pour comprendre sa logique. Par exemple, il pourrait sembler tout à fait évident d'enseigner les trois étapes de la chasse (la quête, l'arrêt et le rapport) dans l'ordre où elles se déroulent.

Mais disons que ce n'est pourtant pas la meilleure façon de procéder.

L'apprentissage et la mémorisation seront meilleurs en commençant par enseigner le rapport, puis la quête et enfin l'arrêt.

Le rapport

Le réflexe du *à terre* peut s'acquérir dès l'âge de 7 mois. Une fois que votre épagneul obéira à cet ordre, qu'il soit assis ou même lancé en pleine course, vous pourrez passer à l'enseignement du rapport. En fait, cet acte est naturel chez l'épagneul et vous aurez peu de mal à canaliser ce réflexe. Lors des premières sorties, laissez votre chien quêter à sa guise en vous contentant de le rappeler à vous s'il échappe à votre vue. En procédant ainsi vous ne transformerez pas son plaisir inné de la chasse en une corvée. Une bonne alternance course-repos est d'environ 10 minutes de galopades suivies de 5 minutes de marche près de vous. Au début fermez les yeux quand il s'amuse à courir après les passereaux. Vous aurez bien le temps de le lui défendre au moment de l'apprentissage de l'arrêt. Par contre s'il court trop loin après un lièvre, rappelez-le et faites-le se calmer par une à deux minutes de *à terre*. N'en abusez pas plus de deux à trois fois lors de votre sortie, sinon votre épagneul sera constamment en train de vous surveiller du coin de l'œil et n'osera plus faire un pas devant l'autre sans votre accord. Il faut réserver le *à terre* surtout pour les cas extrêmes: pour faire remarquer une faute lors du dressage par exemple. Au bout de quelques sorties sans ordre de votre part, votre épagneul aura fait le plein d'odeurs de gibier. Quand il aura dépensé son excès d'énergie trop longtemps bridé en appartement, vous pourrez commencer à lui apprendre le rapport. Ne soyez pas trop pressé, car c'est une pratique longue et difficile. L'épagneul devra corriger de nombreux défauts dus à son instinct de chasseur avide de sang. Comme son ancêtre le loup, il a tendance à broyer le gibier qu'il rapporte dans sa gueule: on dit qu'il a "la dent dure". A côté de certains épagneuls, les pumas, qui sont capables de transporter un œuf entre leurs dents sans le briser, laissent rêveurs! Même un épagneul à la “dent douce” peut perdre cette qualité si on lui fait rapporter du gibier encore vivant. Un bon apprentissage du rapport doit commencer très tôt. Les chiots apprennent plus vite que les adultes grâce au jeu. Donnez-leur l’habitude de jouer à chercher des objets cachés et à vous les rapporter. Si vous n’appréciez pas qu’ils utilisent vos pantoufles pour s’entraîner au rapport, fabriquez-leur un “rapportable”. Vous pouvez par exemple utiliser un vieux bas que vous bourrerez de chiffons. Vous avez aussi la possibilité de fabriquer un “rapportable” en creusant un bout de bois tendre que vous remplirez de poudre d’os (cette solution est moins intéressante que la première car elle a tendance à donner la dent dure au chien).

Noric II de Saint-Tugen à M. Peyriere - Champion International de Beauté (EB)

Il existe de multiples façons d'enseigner le rapport, par exemple: par le jeu, par la douceur, par la ruse, par la contrainte, etc.
L'essentiel étant de ne pas prolonger les séances au delà du seuil de fatigue. Il faut aussi que votre épagneul comprenne qu'il ne s'agit pas seulement d'un jeu. Que vous utilisiez la manière forte (collier de force, tord-gueule, pincement d'oreille, etc.) ou la douce, basée sur la compréhension, il est illusoire de vouloir apprendre le dressage dans les livres. Nos conseils ont seulement pour but de débroussailler vos connaissances et de vous donner l'envie d'en savoir plus auprès des professionnels. Ces derniers vous confirmeront que l'enseignement du rapport est affaire de patience, car ce n'est pas un acte naturel de l'épagneul. Ils vous expliqueront qu'il faut décomposer le mouvement en deux séquences: d'abord apprendre à ramener l'apportable, sans le faire tomber, au signal *rapporte,* ensuite quand ce mécanisme est bien assimilé, rendre l'apportable en ouvrant la gueule. Ce dernier ordre (*donne*) est plus difficile à faire comprendre au chien, d'où parfois l'obligation de la contrainte physique (pincement d'oreille par exemple).
Au fur et à mesure des progrès, l'apportable sera de plus en plus éloigné, jusqu'à être caché aux yeux du chien. D'où l'importance de l'odeur de cet objet que l'on peut, dans les dernières semaines d'apprentissage, remplacer par une peau de lièvre ou de lapin. Ainsi, on termine l'acquisition du rapport et on commence déjà celui de la quête. Un dernier conseil: obligez votre chien à rester *à terre* lors du lancer de l'apportable, sinon il se précipitera derrière le gibier en fuite.
C'est pour éviter cette faute pédagogique, que certains dresseurs préfèrent enseigner à leurs chiens l'arrêt avant le rapport.

La quête

L'exercice de dressage le plus facile est celui de l'apprentissage de la quête. Il consiste à dresser l'épagneul à explorer méthodiquement le terrain pour trouver le gibier. Se réalisant en plaine ou en marais, cet apprentissage nécessite un chien déjà bien débourré, connaissant le rappel et le *à terre*. Il est inutile de vouloir dresser à la quête, un chien qui n'en fait qu'à sa tête. La difficulté consiste seulement à faire comprendre au chien ce que vous attendez de lui: une quête lente aux lacets courts en présence de gibier abondant ou une quête rapide aux lacets longs quand le gibier est plus rare. Le principe de la quête,

Epagneul breton

qu'elle soit à lacets courts ou longs, est le même: le chien doit explorer le terrain en faisant des zigzags en lacets, à droite et à gauche de son maître.
Ces déplacements imitent les mouvements d'un pendule, d'où le nom de "quête pendulaire". En aucun cas, le chien ne doit revenir sur ses pas, ni passer derrière le chasseur. C'est la seule contrainte à bien expliquer au chien lors du dressage. Voyons comment il se pratique concrètement.
Votre épagneul est maintenant bien dressé à obéir et vous pouvez l'emmener en plaine, sans qu'il se mette à poursuivre tout ce qui passe sous son nez. Un sifflet vous permet d'ordonner le *à terre* sans vous égosiller et votre épagneul revient à vous dès le premier appel de son nom. Il est mûr pour l'apprentissage de la quête. Première position: placez-le, face au vent, et ordonnez-lui de se mettre *à terre.* La recherche du vent est plus facile pour lui que pour vous. Vous trouverez plus facilement le sens du vent en vous humidifiant un doigt avec un peu de salive. Levez votre doigt en l'air, le côté le plus froid indiquera d'où vient le vent. Une fois votre chien mis nez au vent, rompez l'ordre *à terre* en lui disant *allez* ou *hop* et indiquez-lui une direction, 90° à droite de votre axe de déplacement. S'il n'y court pas aussitôt, accompagnez-le sur quelques mètres. Arrivé à une trentaine de mètres (l'extrémité du lacet), rappelez-le dans la direction opposée, sur la gauche. Il prendra vite le rythme de cette quête en lacets.
La quête active est assez épuisante et vous profiterez du passage de votre chien devant vous pour l'exciter et le stimuler. Cependant n'abusez pas trop longuement, surtout au début, de son ardeur. Il risquerait d'être dégoûté de cet exercice, d'autant qu'il n'en comprend pas encore les raisons. Mieux vaut, lors des premières sorties, pratiquer peu de lacets mais d'une bonne longueur . Petit à petit, vous augmenterez la durée de l'entraînement et rac-

courcirez la longueur des lacets. Un total de 5 lacets est suffisant lors des 10 premières sorties. Puis 10 lacets plus courts seront réalisés au cours des 10 sorties suivantes et ainsi de suite, la progression continuera. La durée maximale de l'apprentissage de la quête ne dépassera jamais plus d'un quart d'heure et sera fréquemment interrompue par des phases de repos *à terre*.

L'arrêt

Cette attitude naturelle du chien de chasse – qui consiste à rester immobile devant sa proie comme pour l'hypnotiser – est prolongée artificiellement grâce au dressage. L'arrêt doit être tenu jusqu'à l'arrivée du chasseur. C'est seulement sur ordre de son maître que le chien aura éventuellement le droit de lever le gibier. Pour ce faire, il devra apprendre à s'approcher très lentement (couler) et à ne pas le poursuivre (bourrer) quand il s'enfuira. Voyons concrètement comment s'enseigne le réflexe de l'arrêt, sur le terrain. Votre épagneul, très obéissant et bien habitué à quêter peut être mis au contact du gibier. Choisissez au début, plutôt que du gibier à poil qui entraîne de longues poursuites, du gibier à plumes. Les couples de perdreaux sont l'idéal pour l'apprentissage de l'arrêt. Les propriétaires n'ayant pas la patience d'attendre l'ouverture de la chasse peuvent commencer à enseigner l'arrêt dans un enclos. En employant des lapereaux ou même des oiseaux aux ailes entravées, ils pourront, grâce à ce gibier artificiel, tester les qualités d'arrêt de leur chiot, dès 6 mois. Certains dresseurs conseillent au contraire d'attendre que le réflexe de l'arrêt se manifeste spontanément. Quand vous l'aurez observé pour la première fois chez votre épagneul, le moment sera venu de lui apprendre à se mainte-

Langon de Cotignac à Mme Delaporte - Champion International de Beauté et Trialer - Bel Arrêt sur perdreau (EB)

nir dans cette position. Ne soyez pas trop pressé. Votre compagnon doit d'abord se passionner pour la recherche du gibier.

Si vous le bridez trop rapidement, il ne verra plus en ces sorties que des séances de torture. Ce n'est qu'après cinq à six sorties de mise "en appétit", que vous commencerez à le dresser. Alternez l'enseignement de l'arrêt avec la révision des autres exercices appris précédemment, pour que le chien ne les oublie pas. En plus de l'arrêt prolongé, il faut lui apprendre à ne pas "bourrer" le gibier, au moment de sa fuite. Pour cela, la meilleure façon consiste à siffler *à terre* et à le maintenir plusieurs minutes dans cette position en le grondant. Petit à petit, il comprendra qu'il a intérêt à respecter l'envol de tous les animaux, y compris alouettes ou moineaux. Quand il aura bien assimilé ce principe, vous pourrez lui enseigner à *couler*, c'est-à-dire avancer lentement, pour lever le gibier, mais pas avant l'acquisition complète de l'arrêt. En réalité, l'arrêt ne s'enseigne pas puisqu'il est instinctif chez le chien. C'est seulement sur sa prolongation que joue le dresseur. Pour faire comprendre au chien qu'il ne doit pas bouger jusqu'à ce que son maître le lui ordonne, il existe divers moyens de contraintes: cordeau, collier de force, lance-pierre, etc.

Leur utilisation doit être adaptée à la psychologie propre du chien. Les femelles, par exemple, comprennent mieux la douceur que les mâles. Ces derniers, surtout s'ils sont têtus, obligent parfois à employer les grands moyens. Voici un truc utilisé par un dresseur qui n'arrivait pas à mettre son chien à l'arrêt. Il utilisa sans succès l'immobilisation au cordeau puis le collier de force. Ensuite, il essaya un petit lance-pierre pour corriger le chien, en lui tirant dans les fesses chaque fois qu'il courait après le gibier. Rien n'y fit... Il eut alors l'idée de fabriquer des cartouches spéciales faites, non pour tuer, mais seulement pour cingler le postérieur du chien (voir formule dans encadré). Le résultat: dès la première utilisation, le chien eut très peur et ne s'amusa plus jamais à bourrer. Vous pouvez essayer cette méthode de la dernière chance sauf si vous rechignez à "tirer" sur votre compagnon à quatre pattes.

UNE BOURRE ... ANTIBOURRAGE

Poudre noire: 1 g.
Plombs (de 10): 20 g.
Bourre: sèche.
Remarque: cette cartouche de punition des chiens désobéissants et ne marquant pas l'arrêt permet de les corriger pour leur passer l'envie de bourrer sur le gibier. Elles ne doivent pas être utilisées trop souvent, sous peine de perdre leur effet. Pour ne pas blesser le chien, n'employez que des petits plombs (de 10 ou 11) durcis et non nickelés. La bourre ne sera ni en plastique, ni en liège. Le tir se fait seulement dans les fesses du chien, à 25 mètres. Attention à ne pas blesser ses yeux, si le chien se retourne brutalement.

Le fignolage du dressage

Votre chien est maintenant capable de mener une quête sans faute, de marquer l'arrêt et de rapporter... quand vous faites mouche. Il reste encore quelques petits points de détail à fignoler pour qu'il soit prêt pour la chasse. Certains épagneuls, par exemple, avaient toutes les qualités nécessaires pour être de bons auxilliaires du chasseur sauf qu'au premier coup de fusil, ils détalaient ... comme des lapins!
Apprendre à ne pas avoir peur de l'explosion des cartouches est une étape du dressage que l'on néglige souvent. Pour cela il faudra penser très tôt, lors de l'apprentissage de l'arrêt, à se munir d'un pistolet à bouchons ou d'un pistolet de starter – utilisé pour donner le départ des cour-

ses à pied – qui servira à habituer les oreilles du chien aux déflagrations.

Un bon dresseur doit respecter les règles énumérées ci-dessous:

- ne frappez jamais avec la main, celle-ci étant réservée aux caresses;
- la meilleure des punitions consiste à élever la voix;
- utilisez toujours les mêmes mots pour donner un ordre;
- quand le chien a fait une faute, mettez-le *à terre* sur l'emplacement de sa faute;
- pour marquer l'importance d'une faute grave, portez le chien jusqu'à cet endroit, en le prenant par la peau du cou et du rein;
- accentuez toujours les distances, en cas d'erreur: par exemple s'il devait marquer l'arrêt 100 mètres en arrière, portez-le jusqu'à 110 mètres;
- ne reportez jamais le moment d'une réprimande, le chien ne comprendrait absolument pas pourquoi vous le punissez;
- restez très calme, patient et donnez toujours le bon exemple.

Derniers conseils

Que votre amour-propre ne soit pas blessé, si nous vous suggérons, en cas de manque de patience de votre part, d'utiliser un dresseur professionnel plutôt que de terroriser votre chien. Vous pouvez aussi, si les dresseurs vous paraissent trop onéreux, emprunter le chien expérimenté d'un ami pour qu'il forme, par l'exemple, le vôtre. Enfin surveillez souvent l'état de fatigue de votre jeune épagneul et freinez son ardeur par quelques séances de *à terre*.

Quelques ordres simples

Paroles	Action
Son nom	Il revient au rappel
Assis	Il reste assis
Couché	Il se couche
A terre	Il s'aplatit à terre
Pas bouger	Il conserve sa position
Aller	Il rompt l'ordre précédent
Coule	Il avance lentement
Rapporte	Il rapporte le gibier
Donne	Il ouvre la gueule et il lâche la proie

DRESSEURS PROFESSIONNELS

BOURDON Hervé
Place de la Gare
CALLAC-DE-BRETAGNE

CATHALA Jean et CATHALA Roger
Ormeville Cedex 433 Baudreville
28310 JANVILLE
Tél. : 37.99.53.56

CHOUPPE Bernard
Sanzay
79150 ARGENTON-CHATEAU
Tél. : 49.65.71.64

COVOLO
RN 20 - 41300 SALBRIS
Tél. : 54.97.18.56

CRESTANI
La Pierre
41130 GIEVRES
Tél. : 54.98.61.51

DALLE Philippe
Route de Surgères
Rochefort - 17430 TONNAY
Tél. : 99.22.48

DEMETRE H.
Chemin des Plaines
30580 LUSSAN
Tél. : 66.72.94.89

FAUSSURIER Bernard
Dom. des Gdes-Origines
26270 SAULCE-SUR-RHONE
Tél. : 75.63.06.19

FAUSSURIER René
RN 6 - Les Petites-Amaries
69380 ST-GEORGES-DE-RENEINS
Tél. : 74.67.64.45

FOREST Pierre
Les Jarsys Pecy
77970 JOUY-LE-CHATEL
Tél. : 64.01.57.67

FOUGERAT
La Haye
28580 ST-LUBIN-DE-LA-HAYE
Tél. : 37.82.06.51

HERBELIN Frédéric
Pont-Saint-Mard
02380 COUCY-LE-CHATEAU
Tél. : 23.52.72.37

HEMOND J.-F.
34160 SAUSSINES
Tél. : 67.86.56.66

JONCOUR Yves
Kervégant
22160 CALLAC
Tél. : 96.43.59.22

MAERTEN Joseph
La Plaine
Route de Virac
81170 CORDES
Tél. : 63.56.06.12

MILHAU André
Malause
31570 LANTA
Tél. : 61.83.71.76

MORIN Guy
Rest-Gwen
22160 CALLAC
Tél. : 96.43.51.24

MAURIC Paul
84390 SAULT
PIAT Jean-Claude
le Bois du Paré
Fresnay-Chailly-en-Brie
77120 COULOMMIERS

PIAT René
BAUGY
60113 MONCHY-HUMIÈRES
Tél. : 44.83.37.77

POIDEVIN Ch.
Lesson
85490 BENET
Tél. : 51.00.96.74

PROVOST Daniel
Les Mares Nivillac
56130 LA ROCHE-BERNARD

SOURIE Jean-Michel
Chenil des Forêts Corréziennes
Lavergne - 19000 TULLE
Tél. : 55.26.28.33

SIMOND Raymond
BP 25 - Rte de Salernes
83780 FLAYOSC
Tél. : 94.70.70.66

RABAULT Roger
Bazoques - 27230 THIBERVILLE
Tél. : 32.46.82.33

TEULIERES Raymond
La Borie-Grande
Puygaillard-de-Quercy
82800 NEGREPELISSE
Tél. : 63.30.41.69

VASSENET Michel
Marennes
69360 ST-SYMPHORIEN-D'OZON
Tél. : 78.96.04.19

VILLAIN Christian
Chenil de Dadinou
Fleurac - 24580 ROUFFIGNAC
Tél. : 53.05.43.42

La chasse

Ces quelques lignes n'ont pas pour prétention de vous apprendre à chasser, mais seulement de bien conduire votre épagneul pour qu'il mette à profit les qualités obtenues par le dressage. Selon les terrains où vous avez l'habitude de chasser, vous avez choisi la variété d'épagneul la mieux adaptée. Bien plus que sa race ou sa variété compte

Affût aux canards

la personnalité du chien, mise en lumière par le dressage. Ne gâchez pas les “bonnes manières” inculquées par le dresseur en laissant votre chien divaguer la bride sur le cou. Il doit absolument comprendre que “la chasse, c'est sérieux”. Ne faites pas comme ces chasseurs qui laissent leurs chiens sauter de voiture dès leur arrivée. Pendant qu'ils sont occupés à se préparer, leurs chiens commettent de nombreuses fautes derrière leur dos. Même si vous allez à pied au rendez-vous de chasse, ne lâchez pas votre chien trop tôt. Il doit être toujours à côté de vous et s'il est trop impatient, tenez-le en laisse.

Commencer une journée de chasse par une faute non punie est anti-pédagogique et risque d'annuler le travail de nombreuses heures de dressage. Vous ne lâcherez votre épagneul qu'au moment où il sera face au vent et qu'il pourra commencer sa quête. Ensuite réglez la vitesse de la quête en fonction du terrain. Il est évident qu'en marécage, une quête trop rapide est à éviter car elle est bruyante et effraye le gibier. Ne tirez jamais, surtout au début, avant que votre chien n'ait pratiqué l'arrêt. S'il commet une faute et fait s'envoler le gibier, au lieu de tirer, corrigez sa faute. Cela peut sembler difficile de retenir son doigt sur la gâchette, surtout pour un chasseur assoiffé de sang...

Heureusement la majorité des chasseurs préfère collaborer avec leur chien. Un autre conseil à suivre lorsque l'on possède un jeune chien: se méfier du doublement du tir qui peut effrayer le chien à jamais. Une autre règle à respecter dès le début consiste à retrouver toute pièce de gibier tirée... même s'il faut y passer une heure. Ce n'est qu'à ce prix que vous ferez s'épanouir les qualités de “retriever” de votre épagneul. S'il relâche sa recherche, rappelez-le à l'ordre en disant *cherche* ou *apporte*. il arrive parfois que le gibier soit tombé dans un fossé à l'abri du

Epagneuls bretons à l'action - *Photo L. Barbier (O.N.C.)*

vent ou que, blessé, il ait continué à se déplacer par rapport à son point de chute. Il s'agira, pour une fois – c'est l'exception qui confirme la règle – de laisser un peu d'initiative au chien pour qu'il retrouve la piste. Sachez que votre épagneul est aussi malheureux que vous, s'il rentre bredouille.

A propos du rapport, certains dresseurs le déconseillent car ils estiment qu'il porte tort à l'arrêt ferme. Si vous pouvez vous passer du plaisir de voir votre chien, les yeux pétillants de fierté, rapporter le gibier, suivez ce conseil.

Les qualités de chasse des différents épagneuls

Les Bretons

Qualités dominantes: ténacité, résistance, malice, obéissance, entrain, douceur, gentillesse.

Gibier préféré: bécasse, gibier à plumes.

Terrains de prédilection: plaine, lande, taillis.

Quête: à moyenne distance du fusil.

Chasse: chassant nez au vent, tête haute, bons rapporteurs, ne craignant pas l'eau froide ni les épines.

Les Français

Qualités dominantes: calme, souplesse, intelligence, robustesse.

Gibier préféré: tout gibier.

Terrains de prédilection: plaine, bois, marais.

Quête: active et méthodique.

Chasse: chassant nez haut, arrêtant et rapportant bien, dent très douce, ne craignant ni les ronces ni l'eau glacée.

Epagneul français

LES PICARDS

Qualités dominantes: élégance, force, solidité, vigueur, rusticité, fidélité.

Gibier préféré: sauvagine, perdreau, faisan.

Terrains de prédilection: plaine, étang, marécage, marais, bois.

Quête: sous le fusil.

Chasse: dressage facile, arrêt parfait, bon retriever.

LES BLEUS DE PICARDIE

Qualités dominantes: celles du picard et du setter gordon réunies, douceur, vigueur, endurance, docilité.

Gibier préféré: bécasse, perdreau, faisan.

Terrains de prédilection: plaine, bois, marais.

Quête: sous le fusil.
Chasse: dressage facile, ne craignant pas les fourrés.

LES PONT-AUDEMER

Qualités dominantes: endurance, fidélité, docilité, intelligence.

Gibier préféré: canard sauvage, sarcelle, bécasse.

Terrains de prédilection: marais, lacs.

Quête: rapide.

Chasse: dressage facile, odorat très fin, arrêtant bien, nageant bien (pattes palmées), ne craignant pas l'eau froide.

Epagneul français

Le dressage pour les field-trials

Il arrivera donc sans doute un jour où vous aurez envie de comparer les qualités de chasse de votre épagneul à d'autres. Tous le monde sait que “chaque chasseur croit que son chien est le meilleur du monde” mais un peu plus de modestie vous amènera peut-être à inscrire le vôtre à un field-trial. Même si vous n'y assistez qu'en simple curieux, voici l'essentiel des règles du jeu, afin que vous soyez un spectateur informé. Sachez enfin, que le dressage des chiens pour les field-trials est beaucoup plus dur et plus long que celui pour la chasse pratique. Il vaut mieux confier son futur trialer à un professionnel si l'on veut avoir quelques chances d'y remporter une Mention Très Honorable (M.T.H.) ou un Certificat de Qualité Naturelle (C.Q.N.). Ce seront alors peut-être les premiers pas de votre chien vers le Certificat d'Aptitude de Champion de Travail (C.A.C.T.), voire le Certificat d'Aptitude de Champion International de Travail (C.A.C.I.T.). En attendant d'être champion national ou international de travail...

Mais avant d'en arriver là, votre épagneul aura dû suivre un dressage intensif et long. La préparation aux field-trials, est beaucoup plus poussée que celle de la chasse pratique. Elle dure au minimum trois semaines, mais peut se prolonger pendant deux mois. Durant cet entraînement

Macha de Cotignac - Champion International de Beauté à Mme Delaporte (EB)

de type “commando”, le dresseur va développer chez votre épagneul le souffle et le muscle. Ces séances seront renouvelées tous les deux jours à raison de 15 minutes de parcours à chaque fois. Mais la durée totale de la sortie peut être doublée ou triplée, si le chien commet trop de fautes. Il n’est pas rare qu’alors son dresseur le punisse par un *à terre* d'un quart d'heure à l'emplacement de la faute. En réalité, le dressage en vue des field-trials est plus une mise au point finale qu'une éducation nouvelle et s'adresse surtout aux chiens déjà expérimentés. La révision porte d'abord sur la quête.

Celle-ci doit être parfaitement pendulaire et même légèrement croisée pour n'oublier aucun centimètre carré de terrain. Il est en effet très vexant pour son propriétaire de voir, lors d'un trial, le chien oublier du gibier qui démarre au passage... du juge. La qualité de la quête se mesure aussi à sa vigueur et à la bonne longueur des lacets. Un chien ayant une quête trop courte est systématiquement mis *à terre* au bout de chaque lacet par son dresseur. On comprend le temps et la patience nécessaires à un dressage pour field-trials.

Comme pour le dressage à la chasse pratique, quand le chien découvre une place chaude de gibier, il lui est ordonné de ne pas s'y attarder, pour éviter les mauvaises habitudes (il est toujours pénible en effet de chasser avec un chien qui se met à l'arrêt toutes les cinq minutes, que le gibier soit au gîte ou non). Si vous avez un épagneul de ce type, essayez de corriger son défaut... sinon l'infarctus vous guette. Certains signes cependant peuvent vous aider à distinguer un vrai arrêt d'un faux: mimiques du chien, frétillement de la queue, etc. Lors du field-trial, l'arrêt doit être tenu fermement jusqu'à ce que le maître le rompe.

En plus d'"une quête large sur les côtés, d'une profondeur correcte et parfaitement croisée" (tiré du règlement des field-trials sur cailles), les chiens doivent "avoir un arrêt ferme et se montrer parfaitement sage à l'envol et au coup de feu". Bien que les juges préfèrent les chiens qui vont droit sur la cache du gibier, ils sont assez indulgents pour les "arrêts à vide". En effet, les émanations laissées par les cailles utilisées pour les précédents candidats peuvent perturber la quête. Une fois toutes ces qualités bien remémorées, les dresseurs essayent d'améliorer le rapport qui sera sévèrement jugé lors des field-trials sur gibier tiré. Dans ces compétitions, qui se déroulent en général à l'automne, les chiens doivent "présenter une immobilité spontanée au départ du gibier" et ramener la pièce sans la faire tomber. La dent dure est souvent mal appréciée par les juges. Quel que soit le type de field-trial, les juges tiennent compte non seulement du comportement et des fautes éventuelles de l'épagneul, mais aussi de son style, (port de tête, oreilles et queue, position à l'arrêt) ainsi que de sa puissance olfactive, de son initiative et de sa passion pour la chasse. Enfin, son assurance et la rapidité de ses réflexes, bien rodés par un dressage intensif, seront appréciées. La finalité des field-trials est "l'amélioration des chiens d'arrêt par la découverte sur le terrain des meilleurs représentants de chaque race, les désignant ainsi à l'attention des éleveurs, en leur accordant le titre de Trialer".

Pour devenir Trialer, le chien doit être inscrit au Livre des Origines Français (L.O.F.) et gagner au moins un prix (M.T.H., C.Q.N., C.A.C.T., etc.) ou une réserve de prix (M.T.H.R. par exemple). Il aura le droit ensuite de participer aux concours de travail (voir chapitre sur les expositions). Il arrive que le même chien soit à la fois champion de travail et de beauté.

Avoir un "beau et bon" épagneul de France est l'idéal rêvé par tout propriétaire.

Les concours

Championnats et expositions de beauté

Le but des expositions canines, qui n'est pas toujours clair dans l'esprit du public, est double.

1. Montrer de beaux spécimens de race pure afin de développer l'engouement du public en l'informant sur le standard.
2. Récompenser les éleveurs dont les chiens se rapprochent le plus du type idéal de la race décrit dans le standard.

Les chiens sont présentés, au sein de chaque race, par classe:

- classe "ouverte" qui, comme son nom l'indique, est ouverte à tous les chiens de race pure qu'ils soient jeunes et sans médaille ou vieux et couverts de lauriers;
- classe "travail" où sont seulement admis les trialers;
- classe "jeune" qui est réservée aux chiens de 12 à 22 mois;
- classe "champions de beauté" qui n'est ouverte qu'aux chiens ayant déjà reçu un titre de champion (C.A.C.B.: Certificat d'Aptitude au Championat National de Beauté ou C.A.C.I.B.: Certificat d'Aptitude au Championat International de Beauté).

La présentation des chiens au juge a lieu dans un espace

Oulak de Cornouaille - Champion de Travail (EB)

entouré de barrières, appelé “ring”. Le juge peut être assisté d’un commissaire de ring et d’un secrétaire. Les mâles et les femelles sont jugés séparément, sur leur comportement et leur apparence.

A l’issue de la présentation au juge, sont décernés quatre prix aux chiens dont l’aspect et l’attitude ont le mieux plu au juge. On remarquera que ce jugement est très subjectif et qu’il peut varier selon le juge et les chiens en présence. En effet, un chien qui n’aura eu aucun prix n’est pas pour autant un vil corniaud. S’il est présenté au milieu de chiens moins beaux, lors d’une prochaine exposition, il

peut très bien recevoir le premier prix. Il y a, au sein des épagneuls bretons deux catégories:
- les blanc et orange (les plus nombreux);
- les autres couleurs.

Quant aux prix, ils sont, par ordre décroissant: “EXCELLENT”, “TRES BON”, “BON”, “ASSEZ BON”.

L’intérêt des présentations d’animaux est très limité puisqu’elles satisfont surtout les éleveurs qui exhibent leurs chiens. L’amateur évitera d’acheter des animaux lors d’expositions, car ils sont parfois vendus à des prix prohibitifs. Le seul intérêt de ces rassemblements, où les chiens souffrent beaucoup du bruit, de la chaleur et de la poussière, est qu’il permet de mesurer l’importance et le dynamisme des Clubs. Le particulier qui désire acheter un chien mettra toutes les chances de son côté en allant le choisir chez un éleveur. Il pourra ainsi, dans de meilleurs conditions que les foires-expositions, juger du sérieux de son vendeur et de l’état sanitaire du chenil.

Championnats de travail et field-trials

Plus que sa beauté compte, pour un épagneul destiné à la chasse, sa réelle valeur au travail. Pour l’apprécier, il existe également diverses manifestations officielles: concours de rapport lors d’expositions, field-trials de grande quête, field-trials de Quête à la française, field-trials de chasse pratique avec mort du gibier, etc. Leur but est de tester, sur le terrain ou au champ (field-trial = jugement au champ) les qualités de chasse des chiens d’arrêt. Le titre de “Trialer” est décerné aux chiens ayant remporté les épreuves (quête, allure, coulé, arrêt, etc.).

Ces épreuves, qui doivent être l’image exacte de la chasse pratique, ont pour but de récompenser les meilleurs

chiens de chasse. Les critères retenus ne sont plus cette fois l'apparence et l'allure physiques mais surtout la passion de la chasse et l'efficacité. A l'issue de ces épreuves sont décernés, comme pour les concours de beauté, des titres de Champions; (pour distinguer les champions de beauté et de travail, on ajoute une lettre après le mot Champion: B = Beauté, T = Travail).
Pour participer aux Concours de Travail ou de Beauté, les chiens doivent obligatoirement être de race pure et inscrits au Livre des Origines Français. Si les concours de beauté sont réservés aux éleveurs professionnels et aux membres d'un club de race, les field-trials sont ouverts à tous. Il est très instructif de faire participer son chien à un de ces "concours en campagne", ne serait-ce que pour connaître sa réelle valeur de chasseur ou de retriever.
Ces manifestations ont lieu habituellement(au printemps et en été sur perdrix (sans poursuivre ni tirer le gibier), en automne sur gibier tiré (perdreaux, coqs, lièvres, etc.). En plus de ces concours, qui représentent une cinquantaine de manifestations très suivies, il existe des field-trials réalisés à l'initiative de chasseurs ou de dresseurs: bécasses, cailles, perdrix, faisans, etc. Pour qu'ils puissent participer aux field-trials, les chiens doivent avoir un "carnet de travail", pièce d'identification et de contrôle officielle, qui les suivra à chaque changement de propriétaire ainsi que le pedigree.

Les field-trials

Les buts

Pour mériter le titre de trialer, le chien doit avoir obtenu au moins une "réserve de mention très honorable"

(M.T.H.R.). Ce terme ne signifie pas que son propriétaire touchera une bouteille de bon vin, mais que le chien a commis une légère faute en faisant s'envoler une fois le gibier. Sinon il aurait eu droit à un prix sans réserve. Quant au chien de grand mérite, qui commettra seulement une faute de dressage après un arrêt, il recevra un "certificat de qualités naturelles" (C.Q.N.). Ce qui n'est pas mal pour un début et laisse augurer, après quelques mois de reprise en main par le dresseur, un brillant avenir. Chaque parcours sera qualifié selon son mérite croissant "de très bon", "d'excellent", "de réserve de certificat d'aptitude au championnat de travail" et s'il est sans faute "d'aptitude au certificat de travail" (C.A.C.T.).
Ces concours ne sont pas publics, seuls sont admis les propriétaires et les conducteurs de chiens engagés, les

Quéron de Cornouaille - Champion de Beauté-Trialer (EB)

membres de la société organisatrice, les invités et les journalistes spécialisés.
La présence de chiens non tenus en laisse, non inscrits au concours et de chiennes en folie est interdite sur le terrain.
Le premier parcours devra durer 15 minutes, à moins que le chien ne commette une faute éliminatoire (comme la mise volontaire à l'envol sur une relance ou la peur du coup de feu). L'entraînement et le dressage sont interdits sur le parcours.
Les chiens engagés devront être inscrits au L.O.F., tatoués et posséder un carnet de travail. De plus ils devront être vaccinés contre la rage.
Il existe cinq disciplines:
- grande quête;
- solo anglais;
- couple anglais;
- ouverts;
- amateurs continentaux.

Toutes ne concernent donc pas les épagneuls.

La présentation

L'ordre de passage des chiens est tiré au sort.
L'appel des concurrents a lieu en général vers 9 h 30 pour permettre le départ du concours vers 10 h (évitez d'arriver en retard, car les juges ont, comme les chiens, la quête rapide. Ils se déplacent beaucoup – environ 20 km par manifestation – et il est difficile de les retrouver).
Dans toutes les présentations, le conducteur ne devra faire usage de la voix et du sifflet qu'avec la plus grande discrétion (le sifflet à ultra-sons est interdit).
Pendant la présentation, le chien ne pourra porter d'appareil de coercition (les punitions sont interdites au cours du parcours).

Les papiers officiels de votre épagneul

Quatre documents, dont trois doivent être remis simultanément, interviennent dans toute transaction concernant un chien de race:

- l'attestation de vente signée par le vendeur et l'acheteur (remplacée par un certificat de donation signé des 2 parties, si l'animal est offert gracieusement);
- la carte d'immatriculation par tatouage au Fichier Central des animaux de l'espèce canine;
- le certificat de naissance, si le chien n'est pas encore confirmé;
- le pedigree, si le chien a été confirmé.

Les deux premiers documents accompagnent le transfert de tout chien, qu'il soit de race ou non.
Les deux autres documents concernent les seuls chiens de race. Ils attestent de leur inscription au L.O.F., cette inscription constituant le seul témoignage de la reconnaissance officielle de leur qualité de chien de race.

L'attestation de vente

Toute personne vendant un chien doit obligatoirement remettre à l'acquéreur une attestation de vente (décret n. 75-282 du 21 avril 1975).

Cette attestation signée du vendeur et de l'acheteur doit mentionner:
- la date de la vente et de la livraison;
- l'identité de l'animal;
- le prix de vente;
- le nom et l'adresse du ou des vétérinaires choisis par les 2 parties pour assurer le diagnostic en cas de maladie de Carré ou hépatite contagieuse.

Au cas où le vendeur ne serait pas encore en possession du certificat de naissance, l'acquéreur est en droit d'exiger qu'il consigne sur l'attestation de vente le numéro du dossier en cours de traitement à la S.C.C. et son engagement à remettre le certificat de naissance à l'acquéreur dès qu'il l'aura reçu de la S.C.C.

Identification par tatouage

Les chiens inscrits au Livre Généalogique (L.O.F.) doivent être identifiés par tatouage suivant les prescriptions d'un Arrêté du Ministre de l'Agriculture daté du 16 février 1971 (modifié par Arrêté du 28.7.1971). La Société Centrale Canine est chargée d'organiser l'identification par tatouage et de tenir le Fichier Central correspondant. Tout chien vendu doit obligatoirement être identifié par tatouage avant la cession. Le tatouage permet une identification précise et immédiate de l'animal. Il évite toute contestation d'identité au moment de la cession, facilite les recherches en cas de perte et constitue avec la carte d'immatriculation à l'appui une présomption de propriété, notamment vis-à-vis des Compagnies d'Assurance et des Services des Douanes.

Il est également obligatoire que les chiens cédés par des marchands ou transitant par des établissements spécialisés soient identifiés par tatouage (loi du 22.12.1971 et décret du 21.04.75).

Le tatouage est pratiqué sur demande des propriétaires par des personnes habilitées, qui sont d'une part les vétérinaires praticiens, et d'autre part des tatoueurs présentant les conditions d'aptitude exigées et titulaires d'une autorisation accordée par le Ministère de l'Agriculture sur proposition de la Société Centrale Canine.

Le tatouage peut être valablement effectué à partir de l'âge de 6 à 8 semaines, selon les races.

Les personnes habilitées disposent de cartes prénumérotées d'immatriculation au Fichier Central. Le numéro d'identification porté sur la carte est composé de 1, 2 ou 3 lettres suivies de 3 chiffres. Ce numéro doit être tatoué sur la face interne de la cuisse droite ou de l'oreille droite du chien et, en cas d'impossibilité, sur la face interne de l'autre cuisse ou de l'autre oreille.

Pour les races de grande ou moyenne taille, l'emplacement du tatouage à retenir obligatoirement, sauf contre-indication, est l'oreille, ceci afin de faciliter le contrôle.

L'attribution d'un numéro d'identification et la délivrance au propriétaire d'un chien de la carte d'immatriculation correspondant à cet animal – et du volet destiné au Fichier Central – donnent lieu à perception d'un droit par le tatoueur pour le compte de la S.C.C. en plus de ses propres frais d'opération.

Le volet "Fichier Central" délivré au propriétaire d'un animal identifié à sa demande doit être transmis sans délai par ses soins à la Société Centrale Canine. Ce volet doit être transmis par les marchands et les exploitants d'établissements spécialisés eux-mêmes pour les chiens qu'ils ont cédés à titre gratuit ou onéreux, ainsi que pour les chiens dont ils sont propriétaires ou dont ils ont la garde.

A l'occasion de changement de propriétaire ou de décès

du chien, il faut suivre les instructions figurant sur la carte d'immatriculation pour que ces changements soient immédiatement pris en compte par le Fichier Central; cela est indispensable pour mieux garantir le chien.

Certificat de naissance

Objet

Délivré en application du décret du 26 février 1974, il est la preuve de l'inscription provisoire d'un chien au L.O.F. Prouvant que son titulaire est issu de géniteurs inscrits définitivement au L.O.F., il est le témoignage officiel de sa qualité de chien de race.
Pourquoi inscription provisoire? Parce qu'il est de règle qu'un animal ne soit définitivement inscrit au L.O.F. qu'après avoir été reconnu apte à contribuer au développement et à l'amélioration de sa race (voir le paragraphe "Certificat de confirmation").

Formalités pour sa délivrance

1. Le certificat de saillie (imprimé spécial) doit être adressé à la S.C.C. par le propriétaire de la chienne dans les quatre semaines suivant la saillie.

Attention: il faut que les 2 géniteurs impliqués dans une saillie soient inscrits définitivement au L.O.F. et donc détenteurs du pedigree.

2. A réception du certificat de saillie, la S.C.C. procède à toutes les vérifications nécessaires, ouvre un dossier avec attribution d'un numéro de référence et envoie au propriétaire de la chienne une liasse pré-remplie com-

portant 2 parties (déclaration de naissance et demande d'inscription).

3. La déclaration de naissance doit être adressée à la S.C.C. par le producteur (propriétaire de la chienne) dans les deux semaines suivant la naissance.
4. Le producteur fait tatouer les chiots par un praticien habilité; ce dernier lui remet les cartes d'immatriculation des chiots ainsi que les volets correspondants destinés au Fichier Central. Les chiots doivent obligatoirement être identifiés par tatouage avant de quitter l'élevage et le producteur est le seul responsable de l'application de cette règle.
5. Dès que les chiots ont été tatoués, le producteur adresse à la S.C.C. en un envoi groupé:

- la demande d'inscription complétée et lisible (la totalité de la portée doit être déclarée; l'écart admissible avec la déclaration de naissance ne peut concerner que les seuls chiots morts);
- les volets d'immatriculation au Fichier Central;
- le titre de paiement des droits d'inscription (le chèque bancaire est conseillé car tout autre mode de règlement, notamment le mandat-carte ou l'envoi direct du titre au Centre de Chèques Postaux, risque d'entraîner des retards dans le traitement du dossier, ou même le blocage du dossier si un manque de précision empêche l'identification du paiement).

6. Le dossier étant complet, les chiots sont enregistrés au L.O.F. et l'ordinateur établit les certificats de naissance. Ceux-là seront expédiés par paquet-poste recommandé au producteur de la portée qui a la responsabilité de les remettre ou de les adresser aux acquéreurs des chiots.

Attention: la formalité 5 est de la seule compétence du

producteur qui dispose, pour l'effectuer, d'un délai de cinq mois à compter de la naissance. Son non-accomplissement entraînera le blocage du dossier. Le producteur, alors seul responsable de ce blocage, pourra être amené à en répondre personnellement devant les acquéreurs des chiots.

Certificat de confirmation

Objet

Témoignage de l'inscription définitive de son titulaire au L.O.F. Il atteste de sa qialité de chien de race.
Il prouve que son titulaire a été reconnu après examen de confirmation, comme un reproducteur apte à contribuer au développement et à l'amélioration de sa race.
Les chiots issus de 2 parents détenteurs du pedigree auront automatiquement accès au L.O.F.
La délivrance du pedigree est réglementée par le décret du 26 février 1974.

Formalités pour sa délivrance

1. Elle est conditionnée par la réussite à l'examen de confirmation qui est obligatoire pour les reproducteurs des deux sexes.

Attention: tout chien doit être tatoué et immatriculé au Fichier Central. Avant sa présentation à l'examen de confirmation, il est recommandé de vérifier que le tatouage est bien lisible.

2. L'examen de confirmation est demandé par le propriétaire du chien au moyen d'un imprimé spécial, le for-

mulaire d'examen de confirmation qui doit être lisiblement rempli et signé. L'âge minimum d'admission à l'examen de confirmation est variable selon les races. Cet examen est pratiqué soit en exposition, soit en présentation, soit sur les indications du Club de Race, par un expert-confirmateur français.

Lorsque le propriétaire présente son chien à l'expert-confirmateur, il doit être muni:

- du certificat de naissance;
- de la carte d'immatriculation au Fichier Central;
- du formulaire d'examen de confirmation.

3. Lorsque la confirmation est accordée, le propriétaire du chien adresse à la S.C.C. en un envoi groupé:

- le formulaire d'examen de confirmation complété et signé par l'expert-confirmateur;
- le certificat de naissance original signé par l'expert-confirmateur (les photocopies ne peuvent être acceptées puisqu'il s'agit de remplacer un document provisoire par un document définitif);
- le titre de paiement des droits d'inscription. L'absence de l'une de ces pièces entraînera un blocage du dossier et risque donc de provoquer de longs et inutiles échanges de correspondance.

4. Le dossier étant complet, la S.C.C.:

- effectue les vérifications nécessaires;
- transmet au Club de Race, pour accord, le formulaire d'examen de confirmation signé par l'expert-confirmateur;
- procède à l'inscription au L.O.F. à titre définitif dès réception de l'accord du Club de Race; l'ordinateur établit le pedigree qui est adressé au propriétaire du chien par pli recommandé.

5. Si la confirmation est refusée, le propriétaire du chien estimant ce refus injustifié peut, dans un délai de deux

mois à compter de la notification, faire appel de la décision de l'expert-confirmateur. (Les clubs de race disposent de leur côté de ce même délai de deux mois pour faire appel de la décision de l'expert).
Après versement d'une caution, le chien sera représenté devant un Jury d'Appel composé de trois experts (dont un accepté par l'appelant) qui siège au lieu et à la date fixée par la S.C.C. La caution reste acquise à la S.C.C. si l'appelant est débouté.
Lorsque le chien est titulaire d'un pedigree étranger, se renseigner auprès de la S.C.C. sur les formalités à accomplir pour le faire inscrire au L.O.F.

Nous remercions sincèrement pour le prêt de leurs photographies:

M. BARBIER (O.N.C.) – M. BOURDON – M. CABOCHE – M. DE CLERCQ – Mme DE LAPORTE – M. DE MAGNY – FIDO CONSEIL – M. GREAUME – M. JOYET – M. LE GALL – M. LORAUX – Mme MARCHAND – M. MARTINI – M. MOLLEKENS – M. PIRAS – Mme RABAULT – M. ROBIN – M. SAULTIER – STUDIO EUROPE – M. VALEYRIE.

Dans la même collection

Le Dalmatien
153 races de chiens
Le Caniche
Les Teckels
Le Yorkshire
Chiens de compagnie et Lévriers
Le Pékinois
Guide du toilettage du chien
Les Lévriers
Chien-maître: comment communiquer
Le Bobtail
Chiens de garde et de défense
Le livre d'or du Boxer
Le Dobermann
Les Chiens de Berger Français
Le Rottweiler
Le Chien Loup
Le Boxer
Le Collie
Le Dogue Allemand
Le grand livre du Berger Allemand
Le Schnauzer
Les Chiens de Berger Belges
Chiens de défense et d'utilité
Le Léonberg
Non-voyant d'aujourd'hui: un chien pour guide
Le Berger de Beauce
Le Saint-Bernard
Le Briard
Le livre d'or du Berger Allemand
Les Setters
Le Cocker Spaniel
Les Terriers
Les chiens de chasse
Le Pointer
Le Cocker
Le Labrador et les Retrievers
Les Braques
Le Basset Artésien Normand
Le Chien de Montagne des Pyrénées

Table des matières

Achevé d'imprimer
en décembre 1987
à Borgo San Dalmazzo (Cuneo), Italie, sur les presses
de Istituto Grafico Bertello
Dépôt légal: décembre 1987
Numéro d'éditeur: 1766